異文化マネジメントの理論と実践

太田正孝 [編著]
Ota Masataka

同文舘出版

執筆者紹介（章構成順，◎は編者）〈2016 年 3 月 1 日現在〉

◎太田 正孝 （早稲田大学商学学術院教授）
第 1 章，第 4 章，第 5 章

　佐藤 敦子 （明海大学ホスピタリティ・ツーリズム学部教授）
第 2 章，第 8 章

　小野 香織 （早稲田大学商学研究科博士後期課程）
第 3 章

　三輪 祥宏 （明海大学ホスピタリティ・ツーリズム学部准教授）
第 6 章

　酒井　　章 （電通人事局次長）
第 7 章

　田中 裕一 （セールスフォース・ドットコム マーケティング本部
インベントマネジメント ディレクター）
第 9 章

　高山 パトリシア ベレン （早稲田大学国際学術院助手）
第 10 章

　前園 晃慶 （三菱東京 UFJ 銀行欧州トランザクションバンキング室
ダイレクター）
第 11 章

　池上 重輔 （早稲田大学商学学術院准教授）
第 12 章

　井上 葉子 （日本大学商学部准教授）
第 12 章

まえがき

　本書は，文化の壁を超えるビジネス行動が求められる 21 世紀のグローバル市場において，日本のビジネスパーソンがいかに異文化問題とつきあうべきかを理解してもらうために執筆された。日本企業は 1980 年代に "Japan as No. 1" の地位を享受したが，1990 年代に入ると停滞し，21 世紀に入っても失われた 10 年あるいは 20 年と揶揄される状況に苦しんでいる。かつての競争優位を取り戻す道程は簡単ではないが，いま確実に必要な処方箋の 1 つは，日本人ビジネスパーソンが日本的文化価値を基盤としつつも，グローバルレベルでの異文化相互作用に強くなることである。

　経済活動の要諦は「モノ，カネ，ヒト」といわれる。事実，日本企業は優れたモノづくりを梃に製品面で大きな成功を収めたことにより，第二次大戦後の奇跡の経済成長を実現した。さらに 1990 年代に世界的な金融ビッグバンを梃にカネの面でも飛躍しようとしたが，世界金融危機の不運もあって躓いた。他方，モノにおける競争力も新興市場が台頭するなかで，かつての勢いはない。モノであれカネであれ，グローバル市場で戦うためにはヒトの国際化が必須であるという至極当然のことが，長きにわたり忘れられていたように思える。結局のところビジネスは，創造知をもつヒトが動かすことに鑑みれば，グローバルに通用する人的資源のコアを成すものは，今も昔も多文化社会との効果的な相互作用を遂行する能力である。とすれば，異文化相互作用に強いヒトの育成・開発は，日本企業が挑戦しなくてはならない最後のフロンティアと言えよう。

　編著者は長年にわたり異文化マネジメントを研究・教育してきたが，「異文化マネジメント」と呼ばれる研究領域の萌芽的局面に遭遇したのは，1970 年代中盤，ちょうど早稲田大学商学研究科で修士論文を執筆している頃であった。当時はまだ「異文化マネジメント」という名称は確立されていなかったが，国際ビジネス研究者の中には John Fayerweather, Richard Robison, Simcha Ronnen 等々，企業における異文化問題の重要性に強い関心をもつ研究者はそれなりに存在していた。とは言え，それらはまだ国際ビジネス研究における 1 つのコンポーネントに留まっていた。しかし 1980 年代に向かって，本書にも登場する何人か

の先駆的研究者が，異文化マネジメントを確固たる研究分野として確立するための貢献を開始する。ここでは編著者が特に尊敬する4人について，その貢献の意義を簡単に紹介しておきたい。彼らはいずれも，異文化問題と最も親和性がある国際ビジネス研究分野においてさえ異端視される逆境に晒されながらも，「異文化マネジメント（Cross-Cultural Management）」を競争力あるグローバルビジネスに必要不可欠な研究領域に昇華させた意志の強い研究者である。

　1人目はノースウエスタン大学，ハーバード・ビジネススクールなどで教鞭をとったホール（Edward T. Hall）である。元来が文化人類学者であったホールはコミュニケーション学，心理学，言語学もカバーする学際的アプローチを用いて，国際ビジネスにおける異文化問題を意欲的に分析した。画期的な三部作として知られる"Silent Language（邦題は『沈黙の言葉』）""Hidden Dimensions（邦題は『隠れた次元』）""Beyond Culture（邦題は『文化を超えて』）"を通じて，ビジネスの国際展開においては他文化への配慮がいかに重要であるかを力説した。とりわけ，本書でも多用されるコンテクスト（Context）に関する洞察力に富んだモデルを構築するとともに，その高低差が異文化コミュニケーションに与えるインパクトについて有用な立論を展開した功績は大きい。

　2人目は，イリノイ大学（University of Illinois at Urbana-Champaign）心理学部名誉教授のトリアンディス（Harry Triandis）を挙げたい。トリアンディスは異文化心理学（Cross-Cultural Psychology）の創始者であり，文化が異なれば心理学的現象自体も異なるとのスタンスに立つ。まさしく心理学領域における異端児であるが，異文化アプローチをとる先駆的な研究者を心理学の観点からサポートすることで，異文化マネジメントの立論に大きな影響を与えている。幸運にも編著者は，1984年フルブライト奨学金でイリノイ大学留学中にトリアンディスの講義を直接受ける機会に恵まれた。その経験は，編著者がのちに我が国最初の「異文化マネジメント研究」講座を早稲田大学大学院商学研究科に開設する大きな動機づけともなった。

　ホールとトリアンディスが異文化マネジメント研究の創成期における第一弾ロケットの中心的役割を果たしたとするならば，次の二人は異文化マネジメント研究それ自体を第二弾ロケットによって安定軌道に乗せた研究者である。一人はマーストリヒト大学（Maastricht University）名誉教授のホフステード（Geert Hofstede）である。IBM40ヵ国の現地子会社の総計11万6千人に対するアンケート調査を通じて，国の文化の価値観がマネジャーならびに従業員の行動に大き

な影響を与えていることを，ほぼ単独で発見した。当時は研究精度が今ほど厳格ではなかったことを割り引いても，多国籍企業の異文化問題に関する大規模な定量的研究を，歴史上初めて敢行したホフステードの執念とも言えるパッションは驚嘆に値する。いわゆるホフステード・インデックスと呼ばれる文化的価値次元モデルを提唱し，その後の異文化マネジメント研究に最大のインパクトを与えた。ホフステードの研究はそのアプローチならびにメソドロジーの妥当性に関して，研究者間で賛否両論の大論争を引き起こしたが，異文化マネジメント研究者のみならず，広く国際ビジネス研究さらには一般的なマネジメント，マーケティングの研究領域を含めて，最も多く引用され続けている研究者の一人である。

いま一人は，ホフステードの打ち立てた文化的価値次元モデルに建設的な批判を展開することで，異文化マネジメント研究における最大の論争を主導したハウス（Robert House）である。ホフステードがIBMという特定企業のグローバル組織のみを対象に彼単独で定量分析を遂行したのに対し，ペンシルバニア大学ウォートンスクール（University of Pennsylvania, Wharton School）の教授だったハウスは，GLOBE（Global Leadership and Organizational Behavioral Effectiveness）と命名された世界各国の研究者数十名から成るグローバルチームを率いて，世界の様々な文化グループの視点から客観的かつ科学的な厳密性をもって分析した点が大きな特徴である。ホフステードが，それまで定性分析が主であった異文化研究に定量分析のドアを開いた開拓者であるならば，GLOBEを率いたハウスは異文化研究における定量分析を確立するとともに，定性分析との統合を図った大功労者である。

現在の世界の異文化マネジメント研究は，これら4人の先達を中心に積み上げられた資産を梃に，ホフステードのグループ（Geert Hofstede本人は87歳と高齢のため，息子のJan-Geert Hofstedeが主宰するHofstede Centreとitimが中心的組織），GLOBEグループ（Robert Houseは2011年に死去したが，国際研究グループとしてのGLOBEは現在も活動中），IMDグループ，KOZAIグループ，さらに個人ではオハイオ州立大学（Ohio State University）教授のOdded Shenkerなどが，それぞれの立場から活発な研究あるいは企業へのセミナー提供などの活動を展開している。編著書は，これらグループならびに個人の多くと多面的に交流してきたことから，異文化マネジメントの現在そして今後の方向性を的確に把握できる立場にあると自負している。

ところで，冒頭で述べた通り，本書はグローバル化を標榜するすべての日本企

業にとって，いまや必須事項とも言える異文化マネジメントを理解してもらうために編集されたものであり，2つの大きな特徴をもつ。1つは異文化マネジメントの意義をCDEスキーマ，すなわち，コンテクスト（Context），距離（Distance），埋め込み（Embeddedness）という相互に関連した3つの変数からホリスティックに捉えていることである。これは編著者独自のアプローチであり，これまでの研究には見られない新しいものである。また，CDEスキーマは国際ビジネス論，国際経営論などの研究成果とも架橋しやすい利点を有している。なぜならば，これまでの異文化マネジメントがビジネスパーソン，とりわけ日本人に敬遠されがちであった大きな理由の1つは，一見ビジネスとは関連がない文化人類学，コミュニケーション論，言語学などの教養的知識に過ぎないとの誤解を受け易かったからである。余裕があれば学んでも良いが，すぐには実務に役立つわけではない，優先順位の低いものと捉えられていたことは否めない。

　しかし，第1章で考察している通り，本来，文化とビジネスは相性の良いものであり，とりわけグローバルビジネスにおいては，どちらが欠けても望ましいサステナビリティは実現しない。グローバルビジネスを成功させるためには，異文化に対する「急がば回れ」的な知識が死活的に重要であるが，どうしても日々のビジネス活動に追われてしまうビジネスパーソンには，ある種の「喰わず嫌いのメニュー」となっていた。本書で提唱するCDEスキーマは，そうした弱点を克服する一助になると編著者は考えている。

　いま1つの特徴は，第Ⅰ部（理論編）と第Ⅱ部（実務編）に分かれている点である。理論編はすべて研究者が担当し，第1章ならびに4章，5章を編著者の太田正孝，第2章を明海大学教授の佐藤敦子氏，第3章を早稲田大学商学研究科博士課程在籍の小野香織氏，そして第6章を明海大学准教授の三輪祥宏氏が執筆した。

　他方，実務編の多くは，異文化問題に関心をもつ実務家を中心に編成した。第7章は電通アジアで画期的なDNA-カレッジを組織・運営した経験を有する酒井章氏，第8章は2章に引き続いて佐藤敦子氏，第9章はセールスフォースの田中裕一氏（早稲田大学商学研究科ビジネス専攻（WBS）MBAプログラム2013年3月修了），第10章は早稲田大学国際学術院助手の高山パトリシアベレン氏，第11章は三菱東京UFJ銀行の前園晃慶氏（早稲田大学商学研究科ビジネス専攻（WBS）MBAプログラム2014年3月修了），そして最終章の第12章を早稲田大学商学学術院准教授の池上重輔氏と日本大学商学部准教授の井上葉子氏が執筆した。最終的

に，各執筆者の原稿を編著者がチェックし，何度か修正の遣り取りを繰り返した上で，全体として意味ある内容に編集してある。

いずれの章も異文化マネジメントの意義を実感できる興味深いトピックであり，理論面と実務面のバランスが良い著書になったのは，これら共同執筆者のお蔭である。ここに深く感謝の意を表したい。と同時に，全体の編集責任は編著者の太田にあることは言うまでもない。本書はCDEスキーマという新しいアプローチを具現化する手法を取ったため，まだまだ理論的に未成熟であると同時に，実務編でのトピック選定においても吟味が不足している面もある。これらの弱点をより高度な理論と最適な事例との組み合わせによって克服する機会は，近い将来に刊行する新たな著書まで待ちたいが，現時点でも本書が果たすべき意義は十分達成されたと考えている。

最後に，学術書の出版事情が厳しい折にも関わらず，本書『異文化マネジメントの理論と実践』出版の意義を的確にご理解いただき，怠惰な筆者を叱咤激励してくださった同文舘出版取締役編集局長の市川良之氏に深甚なる敬意と感謝の言葉を述べたい。市川氏とは，これまで『異文化マネジメント』（1992年 江夏健一・太田正孝監訳：Ferarro, P. Gary (1990) *The Cultural Dimension of International Business*, Prentice Hall の翻訳書），『多国籍企業と異文化マネジメント』（2008年 太田正孝著）の出版においてご支援頂いたご縁があり，異文化マネジメント関連の著書は本書で3冊目となる。当初の計画では，遅くとも2015年夏には出版される予定であったが，2014年3月～9月に編著者がサバティカルでIMDとCambridge Judge Business Schoolに所属したことに加えて，生来が筆の遅い性格のため大幅に出版が遅れてしまった。この場を借りて市川氏ならびに関係者の方々にお詫びをしたい。そして，その遅れは単なる時間のロスではなく，むしろ本書の質を向上させるための熟成プロセスであったことを願うばかりである。

　2016年3月7日

太田　正孝

目　　次

第Ⅰ部　理　論　編

第1章　文化とビジネスの深遠な関係 ——————————— 2

1. 異文化マネジメントとは ……………………………………… 2
2. グローバル社会は多文化社会 ………………………………… 3
3. 文化は世代を超えるライフスタイル ………………………… 4
4. グローバルビジネスを梃入れする文化的借用 ……………… 7
5. CDE スキーマの提唱 ………………………………………… 9

第2章　異文化マネジメント研究の系譜 ——————————— 15

1. はじめに ………………………………………………………… 15
2. ホフステード以降の異文化マネジメント研究の進展 ……… 18
   (1) シュワルツの研究　*19*
   (2) イングルハートの研究　*20*
   (3) GLOBE プロジェクト　*20*
   (4) シェンカーの研究：国民文化クラスタリングの試み　*22*
   (5) ホフステード以降の異文化研究の評価　*24*
3. 異文化マネジメント研究の近年の論点 ……………………… 26

第3章　国の文化と組織文化 ——————————————— 32

1. 国の文化とは …………………………………………………… 32
2. 組織文化とは …………………………………………………… 33

(8)　目　　次

  (1)　組織文化研究のはじまり　　*33*

  (2)　企業文化研究の台頭　　*34*

  (3)　組織文化や企業文化の定義を巡る経緯　　*34*

 3.　ビジネス形態の変遷と組織運営に及ぼす影響 ……………………… 36

 4.　国の文化と組織文化の関わり ……………………………………… 38

  (1)　社会文化が組織の文化慣習や価値観に与える影響　　*39*

  (2)　企業の経営理念・価値観に関する調査・分析　　*40*

  (3)　組織文化の有効性と展望　　*43*

第4章　文化を超えるコンテクスト・マネジメント ——————— 47

 1.　なぜコンテクスト・マネジメントが重要なのか ……………………… 47

 2.　コンテクストとは何か ……………………………………………… 48

  (1)　コンテクストのイメージ　　*48*

  (2)　コンテクストの可視化　　*50*

  (3)　コンテクストとは経験領域の共有　　*52*

  (4)　意味の共有とコンテクスト　　*53*

 3.　日本的な高コンテクスト・コミュニケーション行動 ……………… 55

  (1)　異文化状況は低コンテクスト環境　　*55*

  (2)　高コンテクスト・コミュニケーションの利点と弱点　　*56*

  (3)　コミュニケーション環境／行動マトリックス　　*58*

第5章　距離の脅威と場の粘着性 ————————————— 61

 1.　「距離」と「場」はコインの裏表 …………………………………… 61

 2.　「距離」と「場」に関するビジネス研究のスタンス ……………… 63

 3.　ゲマワットのCAGEモデルとAAAモデル ………………………… 65

 4.　ホフステードの文化的価値次元 …………………………………… 69

 5.　フォン-ヒッペルの情報粘着性の概念 …………………………… 72

目　　次　(9)

第6章　埋め込みのダイナミクス ——————————— 75

1. 「埋め込み」とはなにか ··· 75

2. 多国籍企業の本社—子会社関係と2つのネットワークへの埋め込み ······ 79

　　(1) 外部埋め込み　*80*

　　(2) 内部埋め込み　*81*

　　(3) 2つの埋め込みの相互作用　*83*

第Ⅱ部　事　例　編

第7章　電通ネットワーク・アジア・カレッジ(DNA-カレッジ)という挑戦 —— 90

1. カレッジ立ち上げ前夜 ··· 90

2. カレッジ立ち上げ ··· 94

3. Dentsu:Network Asia-Innovation College へのモデルチェンジ ·········· 99

4. ビジネス・プラットフォームへ ··· 102

5. おわりに—9.11後の世界，3.11後の世界— ····························· 103

第8章　歴史と文化を超える歌劇場ビジネス ——————— 105

1. はじめに ·· 105

2. オペラと歌劇場の歴史と変遷 ·· 106

　　(1) オペラの誕生と国際化　*106*

　　(2) 18世紀末〜20世紀初頭　*107*

　　(3) 大戦後〜現在　*108*

3. 世界の歌劇場 ··· 109

4. コンテンツとしてのオペラ ·· 112

5. ビジネスとしての歌劇場 ··· 113

6. おわりに—歌劇場の経営課題と異文化マネジメント— ················· 115

(10)　目　次

第9章　グローバルコミュニティと MICE ————————— 119

1. MICE ビジネスの特性 ……………………………………………… 119

2. グローバル・ナレッジ時代の MICE ビジネス ……………… 121

3. 異文化マネジメントからみた MICE のパターン …………… 123

　(1) イベントの参加費用（有償と無償）　124

　(2) イベント・プログラムの形式（多様性と画一性）　125

　(3) イベント・プログラムの内容（形式知と暗黙知）　125

　(4) 参加者の会場での時間の過ごし方（モノクロニックな時間とポリクロニックな時間）　126

　(5) プライベート・イベントの創り方（集団主義と個人主義）　127

　(6) 個人がもつ専門性のスキル（情報の粘着性）　127

　(7) コミュニケーション・スペース（プロセミックス〈近接学〉：オープンとクローズド）　129

4. おわりに ……………………………………………………………… 130

第10章　文化的距離の克服 ———————————————— 133
—ラテンアメリカの「テレノベラ」のケーススタディ—

1. 文化的距離の概念とそのインパクト ………………………… 133

2. 文化財と国際取引 …………………………………………………… 134

3. ケーススタディ：ラテンアメリカの「テレノベラ」……………… 137

　(1) 背　景　137

　(2)「テレノベラ」とは何か　138

　(3)「テレノベラ」の主要制作国　139

　(4)「テレノベラ」の世界進出：進出の4段階モデル　140

　(5) 市場参入の主要な決定要因　142

4. おわりに ……………………………………………………………… 145

第11章　銀行ビジネスとグローバル人材 ————————— 149

1. 銀行ビジネスのパラダイムシフト …………………………… 149

　(1) 銀行ビジネスにも環境の変化が起きている　149

（2） 海外において顧客が銀行にもとめるもの　*149*

2. なぜ、銀行の競争優位の源泉は「人」なのか……………………………151

3. 事例：香港上海銀行（HSBC）……………………………………………153

（1） 概　要　*154*

（2） 進出形態の特徴　*154*

（3） 本国と海外拠点をつなぐ国際マネジャー（IM）の存在　*156*

4. おわりに………………………………………………………………………159

第12章　新興市場における異文化マネジメント ——————— 163
—成長期の中国における台湾発祥の康師傅控股有限公司の展開—

1. 中国の即席麺市場と康師傅…………………………………………………163

2. 日台中三方ハイブリッド文化を持つ康師傅………………………………164

（1） 距離とコンテクスト：初期進出の蹉跌　*164*

（2） アントレプレナーシップ：新興市場での持たざる強み　*165*

（3） 舎短取長のハイブリッド提携：提携相手との距離　*166*

3. マーケットへの適応…………………………………………………………167

（1） 中国市場で2層型マーケティングによる統合と適応　*168*

（2） 2層型プロモーション　*170*

（3） 物流チャネル戦略　*171*

4. 組織運営の適応—小さな進捗とマルチレイヤー構造によるチームの連携—…173

5. 今後の課題……………………………………………………………………176

6. おわりに………………………………………………………………………176

索　引 ———————————————————————————— 179

第Ⅰ部

理 論 編

第1章

文化とビジネスの深遠な関係

1. 異文化マネジメントとは

　本書の中心テーマである異文化マネジメント（cross-cultural management）とは，グローバル競争のメタナショナル化に伴い，質量ともに増大する多文化主義への経営的対応として1980年代以降，欧米を中心に発達してきた研究分野である。その目的は，国家ならびに社会の文化的境界線を越えたビジネス活動が直面する様々な文化的圧力や文化的プルをマネジすることでビジネス活動への悪影響を最小化し，さらにカルチュラル・シナジー（cultural synergy）を創出することにある。どこまでがビジネス本来の問題であり，どこまでが異文化相互作用の問題であるかを個々のユニークなビジネス状況において的確に峻別し，最適な経営的意思決定を遂行するのに有効な概念的枠組みと分析ツールを提供するとともに，そうした異文化マネジメント能力を開発することが最大の使命となる。

　具体的な研究課題としては，①グローバル企業の組織能力（とりわけ組織プロセス）のデザインという組織的課題と，②グローバル・マネジャーさらにはグローバル・リーダーの異文化マネジメント・コミュニケーション能力の開発という個人的課題に大別される。組織的課題のコアは，メタナショナルあるいはトランスナショナルな組織能力と組織環境をいかに培養するかである。いまやグローバル企業の本部組織のスタッフは，必ずしも本社国籍人ばかりでなく，様々なホスト国籍人が混在しうる。現地子会社組織においても，たんなる本社国籍人 vs. ホスト国籍人の2分法ではなく，第3国籍をもつ国際マネジャーが加わることが必然的に多くなる。企業のコミットする海外市場が増えれば増えるほど，組織に関与する人的資源は文化的に多様化するのが当然だからである。

　他方，個人的課題は①メタナショナル化するグローバル競争環境において求められるグローバル・マネジャーそしてグローバル・リーダーの資質とは何か，②彼らの個人的スキルとしての異文化マネジメント・コミュニケーション能力をい

かに開発するかである。少し専門的な表現をするならば，低コンテクスト・コミュニケーションを基盤とする動的不確実性への対応能力を有し，かつ異文化状況下でのコンテクスト・マネジメントを遂行できる人的資源の開発である。

2. グローバル社会は多文化社会

20世紀が規模の経済，効率性，標準化に基づく収斂（convergence）の力学を重視する単純グローバル化の時代だったのに対して，21世紀は明らかに各文化の独自性と創造性，さらにはその集合としての多様性を尊重する分散（divergence）の力学に基づく複雑系グローバル化の時代である。歴史上，世界は「収斂・分散の振り子の揺れ」を幾度となく繰り返してきた。昔で言えば，アレキサンダー大王帝国，ローマ帝国，大元モンゴル帝国のように，傑出したリーダーが率いる帝国が「収斂プロセス」の代表的な牽引者であった。これらの帝国は，征服した周辺の諸文化を自分たちの文化に一方的に従わせる同化（assimilation）ばかりではなく，アレキサンダーがギリシャ文化とペルシャ文化の複合形としてヘレニズム文化を発展させたり，フビライが紫禁城における漢民族の伝統を破壊しない形でモンゴル族のパオを城内に設置したように，征服者の文化と被征服者の文化の統合（integration）も駆使することで収斂メカニズムをマネジしてきた。

ここで言う「同化」「統合」とは，文化変容（acculturation）における選択可能な4つのパターン（同化，統合，分離，脱文化）の内の前者2つである。同化は常に一方のグループが他方のグループのアイデンティティや文化パターンに適応することを要求するため，構造的同化とともに文化的・行動的同化が生じ，多くの場合，反感を招きやすい。他方，統合では，構造的同化は生じるが文化的・行動的同化はほとんど生じない。2つの文化間での相互作用と相互貢献を必要とするが，一方の当事者がその文化的アイデンティティを喪失することはない。簡単に言えば，身も心も無理に一つにはせず，身は強者のパターンを受け入れさせるが，心はそれぞれの価値や行動のパターンを残すことで，文化間の決定的衝突を避けWin-Win関係を築く古代からの人間の知恵である。現代社会において，こうした収斂プロセスを牽引しているのはグローバル企業であろう。21世紀に入るとグローバル企業によるM&Aはさらに増加しているが，最終的にその成否

4　第Ⅰ部　理 論 編

を決定するのはPMI（Post Merger Integration）と言われるのは，かつての帝国における統治政策と同様のメカニズムが働くからである。

　どんなに強大な帝国であっても，その求心力が弱まると分散プロセスが復活し，多数の文化が群れる「原状態」に戻る。そもそも，バベルの塔の神話が示唆する通り，人々が異なる言語を話すようになったため，各言語ごとに文化が形成され，世界は分散したと考えられる。実際，文化とコミュニケーションは同義語とさえ言われるが，その最大の理由の1つは，文化が人間特有の能力である言語コミュニケーションによって成立しているからである。その意味では，我々がそれぞれの母語を話し続ける限り，文化的にみれば分散プロセスが活性化する可能性は常にある。むしろ，この世界は歴史的にも地理的にも多くの文化が群生する方が自然な状況であり，効率的で合理的なシステムを求める収斂プロセスは人為的で特殊な状態と捉えることもできる。いずれにしても，収斂と分散のプロセスは周期的に繰り返され，その度に世界の文明は進化してきたのである。

3. 文化は世代を超えるライフスタイル

　では，文化とは一体何であろうか。「文化」という言葉は最も定義しにくい概念の1つであることは，多くの研究者が「文化」を社会科学において解明されるべき概念として挑戦してきた歴史からも容易に理解される。「行為をその主観的意味によって解釈することが，社会学的分析の特別な課題である」と主張したマックス・ウェーバー（M. Weber）に従うならば，その主観的意味の基盤となっている文化を解明することは社会科学の中心的課題とも言える。

　例えば，異文化問題を論ずる際にしばしば登場するマインドセットの1つに自己民族中心主義（ethnocentrism）がある。これを突き詰めると，文化とは「あなたにはなく，私にはあるもの」という極端な区別あるいは差別に通じる危険すらある。しかし，社会科学の領域において用いられる文化の解釈ははるかに客観的かつ民主的である。現在，文化人類学者や社会学者によって広く認められている意味での英語の "culture" という用語は，1871年に文化人類学の父とされるタイラー（E. B. Tylor）によって初めて用いられた。タイラーはそれ以前にドイツの研究者達が用いていた，ほぼ同義の言葉 "die Kulture" に従ったのであるが，その著 *Primitive Culture* において「文化」の意味を次のように定義している。

「文化とは知識，信仰，芸術，道徳，法律，習慣その他，人間が社会の構成
員として獲得したあらゆる能力と習性を含むあの複合的全体（that complex
whole）である。」

タイラーの定義は，1)"that complex whole"の意味が曖昧である，2) 提示さ
れたカテゴリーが不十分である，などの欠点を有してはいるが，文化人類学の主
題を提起した点において極めて卓越したものと考えられている。タイラー以後，
様々な定義が試みられたが，1952年にクローバー（A. L. Kroeber）とクラックホ
ーン（C. Kluckhohn）は，その著 *Culture: A Critical Review of Concepts and
Definitions* において，それ以前の150年間に出現した164の定義を比較研究し
て次のように体系化している。

「文化とは，ある一定の人間集団によって構築され，世代から世代へと継承
される生活様式の総合体である。」

ここで重要なのは「人間集団の生活様式」という考え方を明確に示した点であ
る。生活様式は総合的性格と凝集力を有するため，文化がもつ統合システムとし
ての性格を明確化できる。また生活様式である以上，文化とは人間の行動を形成
するために人間自身の手によって創造された価値観，信念，事象に対する姿勢，
シンボルを含むことになる。さらに重要なポイントは，文化が「一世代から次世
代へと継承される」と明記したことである。その意味では，文化とは人間の本能
的反応傾向でもなければ，特定の個人の生活内で生じる特殊な問題状況に対する
アドホックな解決策でもないことになる。

いかなる社会においてもすべての社会的規範ならびに行動パターンが不変とい
うわけではなく，他の文化との接触や文明の進歩などの刺激を受けることによっ
て，世代の交代とともに少しずつ変化していく側面をもっている。と同時に，
「文化は，その構成員全員が変わらない限り変わろうとはしない」[1] という堅固
性も当然有している。すなわち，変化がないわけでないが，その変化も当該文化
圏内の相互作用の体系のバランスを著しく損なわない範囲内で生じているのであ
る。文化のもつこれらの特質を満足し，かつ長すぎない定義として，バーナウ
（V. Barnouw）は多くの文化人類学者が次の定義を受け入れるとしている。

「文化とは，ある人間集団の生活様式すなわち共有された概念と学習行動パ
ターンの複合体であり，言語と模倣を通じて一世代から次世代へと受け継がれ

ていく。人は自らが育った社会において優勢な行動パターンを学習する運命にある。」

　バーナウの定義は，一方において人間が社会全体からの学習プロセスを通じて知らず知らずのうちに文化的規範を受け入れ，他方において社会の生活様式も遺伝的プロセスではなく学習プロセスにより伝承されるためバリエーションや文化変容が生ずる余地があるとしている点において，異文化マネジメントの議論に有効なものである。これら3つの定義はすべて文化人類学者のものであるが，最後に異文化マネジメント研究者の定義も2つ紹介しておこう。

　　「文化とは，あるカテゴリーの人間を他と区別する，マインドの集合的プログラミングである。」(ホフステードの定義) 2)
　　「共有された動機，価値観，信条，アイデンティティ，さらには，世代を超えて継承される，集団の共通経験から生じる重要な出来事の意味あるいは解釈。」(GLOBE の定義) 3)

　ホフステード (G. Hofstede) と GLOBE の詳細については，第2章などで触れるが，1990年代から異文化マネジメント研究の領域で最も激しい論争を繰り広げた研究者達である。ホフステードは，IBM の各国子会社のマネジャーと従業員に対して行った文化的価値の調査によって，世界初の異文化マネジメントに関する大規模な定量調査の金字塔を打ち立てた。他方，GLOBE (Global Leadership and Organizational Behavioral Effectiveness) は，各文化の価値観のバイアスを排除しながら世界中の大量データを分析するために Wharton School のハウス (R. House) によって提唱された，数十人からなる国際研究チームの名称である。その名称から分る通り，グローバル・リーダーシップとの関連についての研究で有名である。ホフステードと GLOBE の定義は文化人類学者のものに比べると，ややシンプルな内容となっている。特にホフステードの定義はよりシンプルであり，GLOBE の定義の方が文化人類学者のものに近いが，両者とも前述の3つの定義の本質を踏まえていることは理解されるであろう。

4. グローバルビジネスを梃入れする文化的借用

　文化は，国，社会などの人間集団において，言語と模倣を通じて世代を超えて維持されるライフスタイルであるならば，グローバル企業が世界の様々な言語を話す人々とビジネスを共創的に遂行するときには，好もうと好まざるとに関わらず，異文化との調整プロセスに直面することを意味する。

　一方，前述の文化の定義からも理解される通り，人間は一連の社会的規範や行動パターンを生まれながら身に付けているわけではなく，段階を踏んで徐々に学習していく。しかし，そうした学習プロセスを意識することは稀であるため，人間の行動はいつしか当該社会の規範やパターンに適合したものとなり，その社会の価値観から世界を見るようになる。逆に言えば，自らが帰属する社会の生活上の問題処理方法をマスターすることによって，人間は安堵感を得，さらに自信を深めていくのである。

　1つの社会あるいは文化圏の構成員がこのような学習プロセスによって獲得した文化的行動パターンは，その社会の構成員同士の相互作用によって安定が維持される。しかし，そうした相互作用が安定し，その体系が維持されるためには，相互作用が生じる環境の内と外からの様々な刺激に対して，体系がバランスを崩すことなく適応しなければならない。イノベーションはまさにこうした体系のバランスに刺激を与え，体系の緊張を生み出す要因の一形態である。イノベーションには，特定文化内で主に科学などの発達により生ずる内部イノベーションと，他の文化からの文化的借用（cultural borrowing）の結果として成立する外部イノベーションとが存在するが，現実のグローバルビジネス活動では，その相当部分が後者であると言っても過言ではない。様々な国や文化でユニークに発展してきたモノやコトが他の文化にとっては，まったく目新しい方法，価値としてアピールすることは世の常だからである。

　こうした文化的借用の意味とプロセスを簡単に理解できるテレビ番組として，NHK総合の「妄想ニホン料理」がある。「鴨南蛮」，「土手鍋」，「冷やしたぬき」といった典型的な日本料理の特徴を3つほど各国言語に訳して現地の料理人に示し，そのヒントに基づいて，彼らが妄想というよりは想像と創造の限りを尽くして様々な料理を考案していく。一見すると低俗番組のようにも見えるが，その意味するところは深く，かつグローバルビジネスのダイナミクスとも相通ずるもの

がある。

　例えば，2013年夏に放映された興味深いテーマの一つが「冷やしたぬき」であった。ヒントとして「冷やしたたぬき」，「夏場によく食べられる麺料理」，「別の料理の副産物を使う」の3つが，イタリア，スペイン，ベトナムの現地料理人に示される。「冷やしたたぬき？」と訝りながら額面通りに捉える人もいれば，何かの隠喩と捉える人もいる。どちらにしても，本当にたぬきを食べる人はまずいないので，代わりの動物性たんぱく質を素材に選ぶが，この時点で本来の「冷やしたぬき」ではなくなり，形式的には「鴨南蛮」に近くなる。第二の「夏場によく食べられる麺料理」のヒントからは，イタリア人やスペイン人は迷うことなくパスタを選択し，いかにも地中海料理風に仕上げる。他方，ベトナム人は現地の麺類であるフォーを使用するが，食材が日本のそばやうどんに近いだけでなく，盛り付けも日本の「冷やしたぬき」に似てくるから面白い。

　最も興味深いのが「別の料理の副産物を使う」である。スペイン，イタリアの料理人は何のことか分らず，彼らの価値観に基づいた創造力を展開する。仮に「天かす」を詳細に説明しても，日本人はそんなもの食べるのか，と思うかもしれない。ましてや，人を騙すのが得意なたぬきは「天かす」さえも立派な食品に化かしてしまうなどと教えてもピンとこないであろう。コンテクストが共有できていないからである。しかし，ここが文化的距離（cultural distance）の近さのなせる技である。なんとベトナムの料理人は前述のヒントからベトナムのフライ料理を作った際に残る衣を利用することを思い立つ。彼もイタリアやスペインの料理人同様，彼自身の価値観に基づいた発想を展開しているのだが，結果的に日本人のそれと近くなるところが文化的距離の妙味である。いずれにしても，各人いろいろな工夫をした結果，出来あがる料理は，当然のことながら本来の「冷やしたぬき」とは程遠いが，どれもとても美味しそうなのである。

　こうしたことは異文化相互作用ではごく自然な現象である。いまやラーメンと並んで日本人の国民食になっているカレーライスと同じものがインドにないことは誰もが知っている。実は，そもそもカリーパウダーなるものも歴史的にインドにはなかったのである。大英帝国がインドを植民地化した際に，イギリス人がインド古来からの様々なスパイスを混ぜてインスタントなカリーパウダーを考案した。そのカリーパウダーを使ったカリーが，粘り気の多い日本のうるち米と相性の良い「ライスカレー」へと日本で現地化していった。

　同じことは寿司にも言える。にぎり寿司が海外で最初に人気を博したのはアメ

リカ合衆国だと思われるが，彼の地で開発された海苔巻き（カリフォルニア・ロールなど）は海苔が内側に巻いてあり，白いライスが外側に出ている。アメリカ人は黒い海苔を直接食べるのに抵抗があるとか，海苔が外側にあると口蓋に海苔がくっついて食べにくいからなどの理由があるそうだが，海苔巻きがロールという名称になった途端に本来のものとは違うものへと発展していく。少なくともボストンの寿司屋にはキャタピラー・ロール（いも虫巻き？），スコーピオン・ロール（サソリ巻き？）もある。両方ともライスを棒状にしてその上にキャタピラーはアボガドの切り身を乗せていも虫風にし，スコーピオンは蒸したエビの橙色をサソリに似せてある。サソリはまだしも「いも虫」を食事の題材にするのは日本人には馴染めないかもしれない。

　これらは文化的借用（cultural borrowing）と呼ばれる異文化相互作用の普遍的ダイナミクスであり，人間の歴史とともに脈々と営まれてきた。産業革命以来，人間の能力を遥かに超える夢を実現するビジネス，たとえば時速100キロ以上で移動する自動車，何もしなくても洗濯してくれる家電などテクノロジカル・イノベーションを梃子にした産業が国際ビジネスの中核を担ってきた。しかし，今や外食産業，宅配便，教育サービス，美容サービスなど，人間が古来から日々営んできた文化的営みをビジネスとする企業も国境を越えて成長している。こうしたメタナショナルなビジネス環境においては，他国の文化や歴史から様々なヒントを得ながら文化的イノベーションを作り上げる能力が戦略的に重要性を増してくる。要するに，異文化から得たヒントを素に，近いけれど異なる風合いをもつ，あるいはまったく違う素晴らしいものを作ってしまうのが人間と文化の縁である。その意味では，文化とビジネスはとても相性の良い関係にあると言える。

5. CDE スキーマの提唱

　ここ数年，異文化マネジメントに対する日本企業のニーズが急速に高まっている。元来，ものづくりの国際競争力が強かった日本企業は，異文化問題への関心が諸外国に比べて低かった。しかし，最近では製造業，サービス業を問わず，日本企業のトップが挙げる戦略的重要事項に必ずと言って良いほど異文化理解，異文化コミュニケーションなどが含まれている。

　なぜ関心が高まったかは明白である。第一の理由は，BRICsあるいは3G

10　第Ⅰ部　理　論　編

（Global Growth Generators）と称される新興市場群の台頭により，これまでの欧米追従的な戦略では対応できない異文化状況が頻発してきたことである。この理由に加えて，製造業に比べ文化の影響力がはるかに強いサービスビジネスの本格的な国際化が進展したため，複雑系グローバル化へのパラダイムシフトが生じたからである。さらに言えば，グローバル化が本格化する中で，日本企業にとって最後の課題であった人的資源の国際化が待ったなしの段階になったからである。とりわけ多文化状況における「しなやか（intellectual & resilient）」かつ「逞しい（tough & assertive）」人的コミュニケーション能力が強く求められるようになったからである。

　楽天，ユニクロなどにおいて，企業内言語を英語化する動きが見られるのも同じベクトルにある現象と言える。そうしなければ，海外市場から直接情報を吸い上げ，さらには共創的顧客関係を構築することが難しくなる。異文化理解は自国語の世界観からのテイクオフによって促進される部分が強いからである。かつてゲーテは「外国語を知らぬ者は自国語すら知らないのだ」と言ったが，まさしく名言である。このように異文化マネジメントへのニーズは高まってはいるが，残念ながら「異文化マネジメント」それ自体の明確なスキーマが存在しないのが現状であった。

　こうした状況に対応するために，本書では異文化マネジメントの研究と実務の双方にとって有効な新しいアプローチとして CDE スキーマを提起したい。CDE スキーマとは「コンテクスト（Context）」「距離（Distance）」「埋め込み（Embeddedness）」という異文化マネジメントにとって本源的な3つのキー概念の頭文字をとったものである。図表 1-1 に示す通り，これまでの研究においては，①「コンテクスト（Context）」は「高コンテクスト vs. 低コンテクスト」あるいは「デジタル vs. アナログ」，②「距離（Distance）」は「物理的距離ならびに心理的距離の近接性」，③「埋め込み（Embeddedness）」は主として「企業内組織文化の首尾一貫性 vs. 海外現地市場の価値観へのコミットメント」というようにバラバラに分析されてきた。しかし，これら3つの概念を包括的に捉えることで，各概念を通して単発的にしか把握できなかった異文化マネジメントを複眼的に分析することが可能となる。比喩的に言うならば，インドの昔話にある「象を見たことがない盲人たちが，自らの触れた場所のイメージでしか象を認識できない」といった不都合を排除できるからである。

　実際，既存の異文化マネジメント研究の多くは，CDE スキーマを構成する3

概念のいずれかに立脚して分析されている。「コンテクスト（Context）」は言語学，コミュニケーション科学において古くから多用されてきた概念である。コン

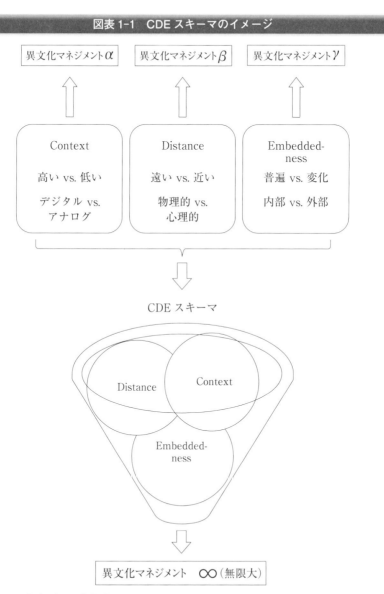

図表1-1　CDE スキーマのイメージ

出所：太田・佐藤 [2013] 107-120 頁。

テクストとは，メッセージの送り手と受け手の間に存在する文化的，社会的，心理的環境であり[4]，文化的価値パターンや文化的行動パターンの相違は，各社会に内包されるコンテクストの相違に起因している。また，ホール（E. T. Hall）が文化グループによってコンテクスト・レベルに高低差があるとの「コンテクスト高低論」を提起したように，国際ビジネス研究では主として個人レベルの異文化コミュニケーション能力の開発に関連した議論が多かった。

　異文化相互作用とは送り手が保有するコンテクストを，人的コミュニケーションを通じて受け手が共有するプロセスでもある。その際，送り手のコンテクストは粘着性の高い情報の集合体としての知識とパッケージとなっているため，そのままでは共有することが難しい。言い換えれば，異文化マネジメントとは異文化間の知識マネジメントの役割も果たすという意味において，グローバル知識経済化した複雑系グローバル環境では極めて重要な変数となる。加えて，コンテクストはCDEの中でも，個人が直接管理できる唯一の変数であるため，CDEスキーマの核となる概念である。

　他方，文化的コンテクストの形態は各社会の間に存在する距離の産物でもある。ここで言う距離には地理的距離だけでなく，ゲマワット（P. Ghemawat）のCAGEモデルにおける文化的，行政的，経済的距離といった心理的距離（psyche distance）も含まれる[5]。距離があることで，どの社会にとっても共通な「或る」社会的問題に対する異なる解決方法やシステムが各社会ごとに発展するからである。そうした異なるシステムやライフスタイルは，さらに各社会間の心理的距離を生む原因ともなる。その意味では，最大の心理的距離である文化的距離への取り組みが異文化マネジメントにとって最重要課題となることは言うまでもない。距離に関する議論は，国際ビジネス研究の初期段階では，当然のことながら物理的距離にのみ焦点があてられたが，ホールによる「コンテクスト高低論」を契機に心理的な距離も重視されるようになった。ホフステードやGLOBEの研究グループが国民文化間の相対的相違を要素（次元）ごとにマッピングし，国民文化間の近接性を相対的に示した諸研究も距離の問題が根底にある。

　最後の「埋め込み（embeddedness）」は，距離の影響を受けて各社会で形成されるコンテクストの組織化プロセスと捉えることができる。文化的距離が生まれる原因である各社会の場（locus）の特質が当該社会の個人や組織に埋め込まれるプロセス，言い換えれば，各社会の情報や知識と価値観の粘着性に文化的方向性を与えるメカニズムである。「埋め込み」は３つの中で最も新しい概念であり，

多国籍企業の本社-子会社関係，すなわち本社文化への内部埋め込み（internal embededeness）と，進出先現地社会の文化への適応といった外部埋め込み（external embeddedness）とのトレードオフに関係している。「埋め込み」とは，各文化の長い歴史に裏打ちされた普遍的なものなのか，それとも企業の組織文化などの影響を受けて変化しうるものなのかという問題が生じる。また，企業のグローバル・ネットワークにおいて人事システム，組織運営などを本社のやり方で貫き通すことができるのか，それとも各現地の状況や特質を学習して適応すべきなのかという標準化・特殊化トレードオフの問題とも密接に関係する。

　CDE スキーマがもたらすさらなる利点は，企業の異文化相互作用問題を場当たり的に特定文化体の観点からのみ見るのではなく，様々な文化体に共通する文化的公分母（cultural universals）の観点から分析することが可能となる点である。異文化問題の分析における重要なフレームワークの一つであるイーミック／エティック・アプローチ（Emic ／ Etic Approach）の内，異文化マネジメント研究において往々にして欠如しがちなエティック・アプローチ（文化普遍的アプローチ；Emic は文化特殊的）に有益な変数を提示しうるからである。異文化マネジメントとは言っても，特定の文化それ自体と直接に格闘することは誰にとっても不可能である。ビジネスパーソンが文化の壁を超えるとき，それは文化そのものではなく CDE スキーマを管理することなのである。

[注]
1)　Hall［1976］.
2)　Hofstede［2003］.
3)　GLOBE［2014］.
4)　太田［1993］［2008］。
5)　Ghemawat［2001］.

[参考文献]
Adler, Nancy J.［1986］*International Dimensions of Organizational Behavior*, Kent Publishing Company.
Bartlett, Christopher A. and Sumantra Ghoshal［1989 1st ed. & 1998 2nd ed.］*Managing Across Borders: Transnational Solution*, Harvard Business School Press.
Barnouw, Victor［1963］*Culture and Personality*, The Dorsey Press.
Doz, Yves, Jose Santos and Peter Williamson［2001］*From Global to Metanational: How Companies Will Win in the New Knowledge Economies?*, Harvard Business School Press.
Earley, P. Christopher and Soon Ang［2003］*Cultural Intelligence: Individual Interactions Across Cultures*, Stanford Business Books.

14 第Ⅰ部 理論編

Ferarro, P. Gary［1990］*The Cultural Dimension of International Business*, Prentice Hall.
（江夏健一・太田正孝監訳［1992］『異文化マネジメント』同文舘出版。）

Forsgren, Mats, Ulf Holm and Jan Johanson［2005］*Managing The Embedded Multinational: A Business Network View*, Edward Elgar Publishing.

Ghemawat, Pankaj［2001］"Distance Still Matters: The Hard Reality of Global Expansion," *Harvard Business Review*, September 2001, pp. 137-147.

───────［2007］"Managing Differences: The Central Challenge of Global Strategy," *Harvard Business Review*, March 2007, pp. 58-68.

Hall, Edward T.［1976］*Beyond Culture*, Anchor Press/Doubleday.（岩田慶治・谷泰共訳（1979）『文化を超えて』TBS ブリタニカ。）

Hofstede, Geert［1997］*Cultures and Organizations: Software of the Mind*, McGraw-Hill.

───────［2003］*Culture's Consequences: Comparing Values, Behaviors, Institutions and Organizations Across Nations 2nd ed.*, Sage Publications.

House, R. J., P. W. Dortman, et al.［2014］*Strategic Leadership Across Cultures; The GLOBE Study of CEO Leadership Behavior and Effectiveness in 24 Countries*, Sage Publications.

Levitt, Theodore［1983］"The Globalization of Markets", *Harvard Business Reiview May/Jine,* pp. 92-102.

太田正孝［2008］『多国籍企業と異文化マネジメント』同文舘出版。

太田正孝，佐藤敦子［2013］「異文化マネジメント研究の新展開と CDE スキーマ」『国際ビジネス研究』第 5 巻第 2 号。

Polanyi, Michael［1966］*The Tacit Dimension*, Routledge & Kegan Paul Ltd., London.（佐藤敬三訳［1980］『暗黙知の次元―言語から非言語へ―』紀伊国屋書店。）

Schein, Edgar H.［1992］*Organizational Culture and Leadership, 2nd edition*, Jossey-Bass Publishers

Trompenaars, Fons and Charles Hampden-Turner［1998］*Riding The Waves of Culture: Understanding Diversity in Global Business 2nd ed.*, McGraw-Hill

Tylor, Edward B.［1877］*Primitive Culture: Researches into the Development of Mythology, Philosophy, Religion, Language, Art, and Customs,* Henry Hold & Co.

Von Hippel, Eric A.［1988］*The Sources of Innovation*, Oxford University Press.

（太田　正孝）

第2章

異文化マネジメント研究の系譜

1. はじめに

　グローバルにビジネスを展開する多国籍企業は，その戦略策定をグローバル化すべきか，あるいはローカル化すべきかを決定することになるが，その選択において国民文化は重要な決定要因となっている[1]。実際，国レベルでの文化的相違や文化的距離（cultural distance）の概念は，過去30年の国際ビジネス研究において最も頻繁に議論された概念の1つである[2]。1996～2005年の間に，ビジネスおよびマネジメント系の学術ジャーナルにおいて93件の論文が国際企業の組織行動に対する文化の影響に関する実証研究を遂行しているとツイ（A. S. Tsui）らが検証した[3]ことからも，国際ビジネス研究における文化の影響に対する関心の高さが分る。

　異文化マネジメントの必要性を初期段階から唱えていたアドラー（N. J. Adler）は，異文化マネジメントはビジネスのグローバル化が実現される以前から研究されており，「文化的相違（cultural differences）」を中心的要因とした組織における人間行動を研究する学問分野であるとした。アドラーは多文化組織の意義とそれを機能させるための考え方を議論し，文化間の相違は体系的かつ予測可能なパターンで組織に影響を与えると論じた。その上で，多くの組織行動理論はアメリカで開発されたものであり，そのまま世界規模に適応できるものではないと主張した。すなわち，人々の動機付け，意思決定における価値観は文化ごとに異なるため，効果的な経営管理スタイルは文化によって異なるというものである[4]。

　ビジネスにおける文化的影響に関する研究のパイオニアは，ホール（E. T. Hall）であろう。ホールは，コンテクスト形成要因の研究として文化を一変数として構成概念化し，人的コミュニケーションの観点から国単位の文化的相違について議論した。コミュニケーションにおけるコンテクストに着目して文化を高コンテクストと低コンテクストに大別した議論が注目を浴びた。また，ホールは

個々の文化がもつ限界性を超越していくにあたり，生活の各側面に隠れているいくつもの非言語的な次元を知り，その違いを受け入れなければならないとして，文化の非言語的領域とその影響について論じている。具体的には，文化ごとの時間と空間の考え方，行動連鎖，非合理性等，多岐にわたる非言語的な領域について議論を展開したが，コンテクストの高低による二元論が最も明示的なモデルである [5]。ホールの議論は文化を高コンテクストと低コンテクストに分ける単次元モデルとみなされているが，1970 年代にすでに文化的相違におけるコンテクストの重要性を明らかにした功績は極めて大きい。

　異文化コミュニケーション論の分野では，クラックホーン（C. Kluckhohn）＝ストロドベック（Strodtbeck）が，絶対的な価値観の違いよりも文化間・文化内での価値観のバリエーション（＝「価値志向」）をみていくことで文化特有のパターンの違いを説明しようとした [6]。この価値志向性研究を踏まえ，ホフステード（G. Hofstede）は文化形成における核をなす「価値」に着目して価値調査モジュール（Values Survey Module: VSM）を考案し，文化的価値を複数の次元で測定することを可能にした。文化を測定し，かつ国ごとの文化差を実証的に国際ビジネスの脈絡において示した最初の研究成果であり，異文化マネジメント研究に大きな進展をもたらしたと言える。

　米国に本社を置く IBM 社は，1960 年代後半〜1970 年代にかけて各国の支社で働く従業員 11 万 6 千人を対象に大規模な調査を実施した。オランダの心理学者にして経営学の研究者でもあるホフステードは，IBM 社の調査結果を元に VSM を考案し，文化的価値次元を発見した。当初 40 カ国を対象に最初の調査を行い（調査 1968 年，発表 1980 年），その後 50 カ国と 3 地域に拡大させている（調査 1972 年，発表 1991 年）。11 万 6 千人にも及ぶ世界中の IBM 従業員の価値観についての質問に対する回答を因子分析した結果，どの国の従業員にも共通する点があった一方で，4 つの文化的価値次元では IBM の各国子会社ごとに違いが顕れた。その実証分析結果を用いて経営行動に影響を及ぼす国民文化の違いを表す 4 次元のモデルを示した（1980 年）。さらに 1991 年に 5 番目の文化的価値次元の存在を追加し，2010 年には後述する世界価値観調査のデータ分析から 6 番目の文化的価値次元を加えた。

　ホフステードは，文化とは人間が行動する上でのメンタル・プログラムであり，「ソフトウェア・オブ・ザ・マインド（Software of the Mind）」と定義づけている [7]。考え方，感じ方，行動の仕方のパターンについて集合的に人間の心に組

み込まれるものであり，集団あるいはカテゴリーによってそのプログラムは異なる。文化の根幹をなす価値観は，遺伝によって伝達されるのではなく学習されるという意味で，社会環境に起源を発する。文化には重層性があり，①国籍による国家のレベル②地域，民族，宗教，言語のレベル③性別のレベル④世代のレベル⑤社会階級のレベル⑥組織ないしは企業のレベルに類型できる。その意味では，文化を共有しているのは厳密にいえば国家よりむしろ社会であるが，ホフステードは国単位での価値観の差異が明確に確認されるため，国を単位としてデータを集計するほうが統計的に安定するとの立場をとっている[8]。グローバル化が進むにつれて文化の表層部分は変化しているようにみえるが，国民文化は安定的であり，文化の芯をなす価値観は文化ごとに異なったままである[9]。文化の次元とは他の文化と比較したときに相対的にとらえることが出来る側面であるとして，国民文化の違いを示す6つの文化的価値次元を次のように定義した[10]。

① 個人主義／集団主義（Individualism/Collectivism）の次元
② 権力格差（Power distance）の次元
③ 不確実性回避（Uncertainty avoidance）
④ 男性らしさ／女性らしさ（Masculinity/Femininity）
⑤ 長期志向／短期志向（Long-term orientation/Short-term orientation）
⑥ 放縦／抑制（Indulgence/Restraint）

6番目の次元は，後述する世界価値観調査（World Value Survey）のデータ分析に基づいて2010年に追加された。「放縦」とは，人生を味わい楽しむことにかかわる人間の基本的かつ自然な欲求を比較的自由に満たそうとする傾向を示す。対局にある「抑制」は，厳しい社会規範によって欲求の充足を抑え，制限すべきだという信念を示す。この次元を定義することにより，文化によって人々が感じる「主観的幸福感」には相対的に違いがあるとホフステードは示そうとした。

実証的に導き出されたホフステードの文化的価値次元の出現に伴って，ビジネス研究の脈絡における国民文化差の相対比較を可能にし，それぞれの国の文化的な特徴が把握できるようになった。ホフステードの研究には賛否両論あるが，複数の次元で国際的な文化的相違を実証的に示した功績は大きく，現在も国際ビジネス研究に多大な影響力を及ぼしている。ホフステードの研究は高い認知と評価を得て多くの研究者が参照しており，2010年6月時点で学術論文におけるホフステードの引用件数は54,000件であり，これは社会科学領域ではカール・マルクスに次ぐものである[11]。

2. ホフステード以降の異文化マネジメント研究の進展

ホフステードの提起した文化的価値次元理論には，様々な批判や疑問も指摘されている。ホフステードの研究をめぐる議論には，次のようなものがある。

① 調査単位が国民文化だが，米国，ベルギー等，国内に複数文化を内包している国を1つの国民文化としてくくることが適切だろうか [12]。

② 調査はIBM一企業の社員のみを対象としているが，IBMの社員がその国全体の文化を代表しているとは言い難く [13]，IBMと異なるシステムをもつ組織，社会にまで一般化して充当することは適当なのか [14]。

③ 文化的価値次元の定義について，国によってコンセプトがあてはまらないものがある（例として集団主義のコンセプトの違い）[15]。

④ 文化的価値次元の整理において，内容が重複する部分がある（例）権力格差と男性らしさ）[16]。

⑤ ホフステードの研究は，IBMの社内アンケートの結果に基づいて行われたものであり，そもそもIBMが行った社内調査票の設計段階でリサーチデザインの理論的基礎を欠いている [17]。

⑥ 定量的分析に依拠しており，文化という性質のものを分析するには仮説構築，仮説検証のプロセスの中で定性的調査手法を組み合わせるべきであろう [18]。

ここに述べた以外にも，ホフステードの理論について学術誌上で様々な議論が展開されている。ホフステードの文化的価値次元に対する疑問点や方法論上の限界を踏まえた上で，文化的相違の実証研究をさらに進展させる取り組みが様々に行われている。なかでも国民文化差の実証研究で著名なものとしては，シュワルツ（S. H. Schwartz）の研究，イングルハート（R. Inglehart）らによる世界価値観調査，ハウス（R. J. House）らによるGLOBEプロジェクトなどが挙げられよう。いずれの研究もホフステードと同じく文化的価値次元理論フレームワークを用いているが，測定方法，測定対象，文化的価値次元の概念化プロセスにはそれぞれ独自性が見られる。シュワルツは個人レベルと国レベルでの文化的価値次元を提唱した [19]。他方，イングルハートらは1981年以降，2014年に至るまで5年ごとに調査を継続し，国民文化の時系列的変化の実証に取り組んでいる [20]。ハウ

スらの GLOBE プロジェクトは，世界各国から 170 名の研究者が参加してホフステードの調査フレームワークの欠点を補うべくリサーチデザインを構築し，世界的に展開されている大規模な国民文化調査プロジェクトである[21]。

 (1) シュワルツの研究

イスラエル人の社会心理学者であるシュワルツは，クラックホーンらの価値志向性研究[22]を踏襲しつつ，文化は国（社会）の次元と個人の次元の両方で形成されるとして，国（社会）レベルと個人レベルで別々に文化的価値次元を提示した。シュワルツの研究は非常に複雑な概念化への取り組みであるにもかかわらず，理論的裏づけが高いと評価されている[23]。

シュワルツは，文化とは意義，信条，慣習，シンボル，規範などからなる濃密な概念（rich complex）であると定義し，個人の次元と社会（ecological）の次元でそれぞれ文化が形成されるとした。文化それ自体を直接測定することは困難であるため，間接的に価値観の観点から研究することは文化の特性を明らかにしていく上で有効であると主張した[24]。

シュワルツは実証分析に基づいて，国民レベルで 7 つの文化的価値次元を提唱し，それは次のような 3 組のクラスターに分類されている。

(1) 個人と所属するグループとの関係性を示す次元［①知的自律（Intellectual Autonomy），②感情的自律（Affective Autonomy），③埋め込み（Embeddedness）］

(2) 人々が社会を守るために責任ある行動をとることを求める次元［④平等主義（Egalitarianism），⑤階級制／ヒエラルキー（Hierarchy）］

(3) 人々が自然世界や社会との関係性を成り立たせる次元［⑥調和（Harmony），⑦統制（Mastery）］。

シュワルツの国民文化的価値次元の 1 つとして，個人と所属するグループとの関係性を示す「埋め込み（embeddedness）」の概念を挙げている。これは，社会的秩序，伝統を重んじる姿勢，安全，服従，賢明といった価値観で，人は集団・集合体に埋め込まれた構成要員とみなすところから発生している。これは異文化マネジメントを議論する上で，コンテクストと同様に重要な概念であると指摘する。

シュワルツはホフステードと後述するイングルハートの文化的価値次元との類似性と相違性を認めた上で，3者の分析結果が極めて類似した文化的地域クラスターすなわちアフリカ，儒教圏，東中央ヨーロッパ（旧共産圏），英語圏，ラテンアメリカ，南アジア，西ヨーロッパの7つの文化圏の存在を抽出していることに注目している[25]。調査の時期も被験者の属性も異なっているにも関わらず，3者の分析結果が類似した文化圏を見出している点は着目すべきであろう。

(2) イングルハートの研究

米国人の政治学者であるイングルハートは，1981年から欧州で行われていた欧州価値観調査（European Values Survey: EVS）を継承し，世界価値観調査（World Value Survey: WVS）として調査範囲を全世界に拡張した。97カ国の18歳以上の男女を対象とし，各国の代理店・調査会社を通じて層化標本を抽出（サンプル数は各国1,000～2,000人），調査人数は延べ20万人を超える。分析は国を単位とした2つの文化的価値次元（①幸福（Well-being）―生存（Survival），②世俗的・合理的（Secular-rational）―伝統的権威（Traditional authority）のフレームワークを用いて行われた。調査は1980年以降，現在も継続して繰り返し行われており，時系列的な文化的価値観の変化も分析対象としている。その結果に基づき，1981年以降，経済発展と社会（given societies）の繁栄に伴い，人々の価値観や信条に著しい変化が起こっていると発表した。人々の価値観は社会経済情勢の変化にリンクし，経済の繁栄とともに物質的欲求よりも精神的充足を求める方向にあることを確認し，集団主義的価値観から個人主義的価値観へのシフトが起きることを主張している[26]。この見解は，国民文化を安定的なものとするホフステードの主張とは異なっている。世界価値観調査のデータは，過去の調査や個人の回答も含めてウェブ上で自由にアクセスできる[27]ことから，ホフステードはこのデータベースを用いて自身でも分析を行い，6つめの価値次元（放縦―抑制）の提唱に至っている[28]。

(3) GLOBEプロジェクト

米国人の経営学者，ハウス（R. J. House）が主宰し，1993年にGlobal Leadership and Organizational Behavior Effectiveness Research Program（"GLOBE"）がス

タートした。GLOBE は長期に渡る多面的調査プロジェクトで，文化人類学的ア
プローチ[29]と行動心理学的アプローチを組み合わせ，170名の様々な国の研究
者の参加を得て，国を分析単位とした理論的（theory-driven）な異文化マネジメ
ント調査が設計された。GLOBE は「文化」の定義をシャイン（E. H. Schein）の
考え方に依拠している。文化とは集合体が外部適応と内部統合に取り組んだこと
で生じる産物で，構成員の関係を保ちながら，共同体の適応とともに文化は展開
していく[30]，というものである。GLOBE はホフステードの設定した価値次元を
拡張して，次のように9つの次元を設定した。

①権力格差，②不確実性回避，③制度的集団主義，④グループ内集団主義，⑤
自己主張，⑥男女平等主議，⑦未来志向，⑧人間らしさ志向，⑨業績志向。

文化的価値次元の調査にあたり，GLOBE は価値観（value = "should be"）と慣
行（practices = "as is"）の2つの側面から調査を展開した。個々人の価値観を調
査すればその集合体の文化を計測するのに適切であるとする生態学的アプローチ
がそれまでの典型的な異文化調査の考え方であり，ホフステード，シュワルツを
はじめ，同様に国民文化の実証検証を提示したトリアンディス（H. C. Triandis），
トロンペナールス（F. Trompenaars）などもこの考え方を踏襲している[31]。しか
し GLOBE は「文化は価値の集合体以上のものである」という考えに基づき，あ
えて価値観（value）に加えて慣行（practice）の2種類を調査した。また，個人
として望ましいと思っている価値観と同時に，属している社会で望ましいと思わ
れる価値観をも調査することで，国民文化と組織文化の双方の解明を試みた。

GLOBE は，62の国や地域を対象にして，文化の類似した10の文化圏を次の
ように定義した。

①ラテン系アメリカ圏（Latin America），②アングロ圏（Anglo），③北欧系ヨ
ーロッパ圏（Nordic Europe），④ゲルマン系ヨーロッパ圏（Germanic Europe），
⑤ラテン系ヨーロッパ圏（Latin Europe），⑥東ヨーロッパ圏（Eastern Europe），
⑦儒教系アジア圏（Confucian Asia），⑧南アジア圏（Southern Asia），⑨ Middle
East（中東圏），⑩ Sub Saharan Africa（サブサハラアフリカ圏）[32]

GLOBE の研究結果が2004年に発表されると，ホフステードの研究との比較
や GLOBE 研究のコンセプト，方法論，文化的価値次元の是非について活発に議
論が展開された[33]。ホフステードと GLOBE の研究アプローチについては，い
ずれも優れた点と課題があるが，ホフステードの引用が圧倒的に多い状況が何十

年も続いた閉塞状況に鑑みれば，新たな選択肢として GLOBE などの研究成果も参照していくべきであると評価されている[34]。

 (4) シェンカーの研究：国民文化クラスタリングの試み

シェンカー（O. Shenkar）らは，ホフステード以降，様々に展開された文化的価値次元分析を総括し，国民文化を単位に世界の文化をクラスター分類してマッピングを試みた[35]。ホフステード，イングルハート，シュワルツ，GLOBE のケースを含む 10 件の文化的価値次元分析に含まれる 70 カ国のデータを抽出し，類似性と非類似性に着目して階層的クラスタリング分析と多次元尺度構成法（Multidimensional Scaling: MDS）を用いてマッピングを行った（図表 2-1，2-2 参照）。

同じクラスター内に含まれる国は，類似性の高さを基準に 3 段階の小クラスターに区分されている（最も類似性の高いローカル・クラスター，コンセンサス・クラスター，大きな括りとしてのグローバル・クラスター）。この試みを通じて，10 件の文化的価値次元分析を合成し，より実用性を高め，複雑さを解消し，データの取り扱いやすさを向上させることを企図している。また，このように合成することによって個別の研究が内包する方法論的弱点を補うことを可能にし，文化的価値次元分析の安定性を向上させている[36]。

結果として，分析対象となった 70 カ国は，(1) 11 のグローバル・クラスター（クラスター内の国々の類似性は緩やかだが他のクラスターとは異なっている），(2) 15 のコンセンサス・クラスター（クラスター内の国々に高い類似性のある）と 6 のシングルトン（グローバル・クラスターには含まれるがコンセンサス・クラスターに含むことが適切ではない），(3) 38 のローカル・クラスター（クラスター内の国々に非常に高い類似性）の 3 段階でのマッピングが行われた。図表 2-1 のパイチャートにおけるクラスターの並びは，MDS の結果に基づいている[37]。

この文化的価値次元クラスター分析は，国際ビジネスにおけるマクロ的経営課題への画期的な示唆を与える可能性がある。これまでの代表的な国民文化次元分析を理論的かつ統計的に統合された。それによって国民文化の類似度合いに応じたクラスタリングが段階分けされて，従来の分析以上に精緻に示されている。対外直接投資先の検討において，ホスト国と進出先の国のクラスターの遠近性は取

図表2-1 シェンカーらによるクラスター分類

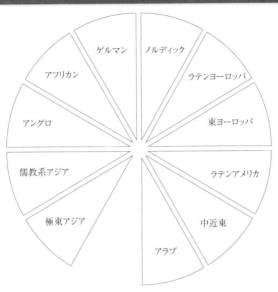

極東アジア	インドネシア，イラン，パキスタン，タイ，ジンバブエ／ジャマイカ，マレーシア，フィリピン／インド
儒教系アジア	中国，香港，シンガポール，台湾／韓国／日本
アングロ	オーストラリア，カナダ，アイルランド，ニュージーランド，英国，米国
アフリカン	ナイジェリア，南アフリカ
ゲルマン	ドイツ，スイス／オーストリア
ノルディック	デンマーク，フィンランド，アイスランド，オランダ，ノルウェイ，スウェーデン
ラテンヨーロッパ	ベルギー，フランス，イタリア，ポルトガル，スペイン，スイス／イスラエル
東ヨーロッパ	チェコ，エストニア／ベラルーシ，ブルガリア，キプロス，ジョージア，ルーマニア，ロシア，ウクライナ／ハンガリー，ポーランド，スロバキア，スロベニア
ラテンアメリカ	アルゼンチン，ボリビア，チリ，コロンビア，エクアドル，エルサルバドル，メキシコ，ペルー，ウルグアイ，ベネズエラ／コスタリカ，グアテマラ／ブラジル
中近東	ギリシャ，トルコ
アラブ	クウェート，モロッコ，UAE

出所：Rosen and Shenkar [2013] に基づき筆者訳。

図表2-2 シェンカーらの分析に含まれる調査研究一覧

研究名（発表年）	調査実施時期（年）	サンプル数	調査対象の産業
Brodbeck, et al. [2000]	1995-1997	6,052	食品，金融，情報通信
Foley [1992]	記載なし	14,752	複数業界を含む多国籍企業2社
GLOBE [2004]	1995-1997	17,370	食品，金融，情報通信
Hofstede [2001]	1967-1969, 1971-1973, 1973-1979	72,215	ハイテク，製造，マーケティング，サービス
Inglehart and Baker [2000]	1990-1991, 1995-1998	～91,000	特定せず
Merritt [2000]	1993-1997	9,417	（商用）航空機
Schwartz [1999]	1988-1993	9,220	都市部の学校教師
Smith, et al. [2002]	記載なし	7,091	様々な産業（民間，公的含む）
Trompenaars' database (Smith et al [1995] [1996])	1983-1993	9,000以上	特定せず
Zendar [2005]	1992-1993	13,799	スウェーデン多国籍コングロマリット傘下の24企業
Ronen and Shenkar [1985]	N/A	N/A	様々な産業

出所：Ronen and Shenkar [2013] に基づき筆者訳。

引コストに影響を及ぼすことが予想されるとシェンカーらは示唆する。また，ミクロ的にみても，多国籍企業就業者の属性がますます多様化している中で，当該クラスターマップは人的マネジメントの観点からも示唆に富むものであろう。

(5) ホフステード以降の異文化研究の評価

ここでは，ホフステードに続いて文化的相違の実証研究に取り組んだシュワルツ，イングルハート，GLOBE，シェンカーの研究が果たした貢献について整理する。まずシュワルツとGLOBEの研究はともに，質問項目の理論的裏付け，および質問項目間の相関についてあらかじめ検証を行った上で調査設計を行っている。特にGLOBEについては，各国の研究者170名から成る研究プロジェクトで，質問表の言語設定や翻訳にも注意を払い，調査国の単語のニュアンスまでも摺り合わせを行った。また，シュワルツとGLOBEの被験者選定については，一

企業の社員のみを調査対象にしていないため特定の企業文化の影響を受けない設定を選択している。シュワルツと GLOBE は，文化的価値次元の設定についても理論的裏付けを行いながらホフステードの次元を拡張させている。

　シュワルツは，そもそも個人間の文化的価値次元の差を明らかにすべく 66 カ国のデータを収集し，実証研究に取り組んでいた。その分析結果から，国レベルでの明らかな文化的な違いを発見し，7 つの文化的価値次元を示したのである。よって，シュワルツの研究は個人レベルでの文化差を表す文化的次元も定義している [38]。

　イングルハートのプロジェクトの最大の貢献は 5 年ごとに調査が継続的に行われ，かつ，その膨大なデータが一般に公表されていることである。実際，ホフステードも世界価値観調査の公表データを用いて第 6 の価値次元を発見しており，多くの研究者がそのデータを活用している。ホフステードは国民文化とは安定的なものであって，表面的な事象に変化がみられたとしても文化の核をなしている価値観は変わらないという論点に立っている。しかし，イングルハートの世界価値観調査は，経済繁栄に伴う社会情勢の変化とともに人々の価値観，文化は変化する部分もあるとの認識に立ち，継続調査を展開している。それに対して，シェンカーらは 2013 年に発表した文化クラスター分析の論文において，1985 年に彼自身が行った結果と，10 件の研究を合成して求めた結果を比較して，国民文化の変化は非常に緩やかで安定的であり，イングルハートらが主張する文化的変化の影響は，国単位での文化クラスタリング／マッピングを変える程度には至っていないと述べた。例えば，文化に大きな影響を与える因子である宗教，言語について，イングルハートが指摘している期間では著しい変化が認められないこともその理由の 1 つとしている。むしろ，1980 年代の欧州には 25 カ国あったものが，現在では 40 カ国に分裂が進み，異なる民族が同じ国を構成することに抵抗する動きが続いた結果であり，異文化が収斂（Convergence）する動きよりも異文化間のダイバシティが際立つ展開となっている，とシェンカーは指摘している [39]。いずれにしても，文化の収斂と分散（Convergence vs. Divergence）の問題は文化的価値次元分析において，大きな論点であることは間違いない。

　GLOBE は調査対象の 62 カ国を地理的近接性，人種，宗教，言語を勘案しつつ 10 の文化クラスターに分類し，クラスター間の文化の違いを示しながら議論している。シェンカーらは，個別に展開された 10 件の文化的価値次元分析のデータを合成して，地理的条件，宗教，言語を勘案しつつ合成的文化クラスターを

組成した。ホフステードの研究に寄せられた批判の1つに、アメリカやベルギー、スイスといった多民族国家について国民文化を単一で示すことへの疑問があったが、GLOBE やシェンカーの分析結果を参照することで、複眼的な文化差の議論を展開することが可能となろう。

ホフステード以降に行われた文化的価値次元研究が、ホフステードの理論的弱点を完全に克服できたわけではない。異文化マネジメントの研究対象である現実社会が時間とともに変化していることから、新たな課題も浮かび上がってきている。その1つは、国を単位とする研究にとどまらず、調査対象を組織次元や特定のロケーションや産業に絞ったサブ・グループ次元に絞ることで、より意義のある文化的距離、組織的距離を示すことが可能であるとの主張である[40]。これに対し、ホフステード、シュワルツ、シェンカーは、国ごとの文化的差異が明確に存在しているとして、国単位での研究の有効性を主張しており、有機的なサブ・グループの次元で実証研究を展開するには様々な課題がある。

文化的価値次元理論とは、「非常に複雑かつ無形で、理論化や測定が極めて困難な対象概念」[41]である文化について、その文化に帰属する人々の普遍的な価値観（basic value）を理論的な実証分析に基づいて概念化したものである[42]。そして、現象を解明する理論や学説を提起するための有効なツールであると評価されている[43]。国際ビジネス研究の在り方についても、「少数の国民文化の事例に基づく安易な"一般化"が行われることを疑問視する。実証研究を用いる場合、少なくとも7～10カ国の事例を参照しなければ国際ビジネス研究において信頼に足る一般化とは言えないであろう」[44]という主張が Journal of International Business Studies というトップジャーナルに掲載された。国際ビジネス研究における近年の論文では、ホフステードにとどまらず GLOBE、シュワルツらの文化的相違の議論も引用しながら事例検証や実証分析の取り組みがなされており、異文化マネジメント研究が国際ビジネス研究において果たす役割はますます大きくなっている。

3. 異文化マネジメント研究の近年の論点

ホフステードや、それに続く研究者たちによって国民文化差の実証研究が発表され、異文化マネジメント研究はより具体性と実証性を伴った議論が可能になっ

た。例えばコグート（B. Kogut）とシン（H. Singh）は，海外直接投資のエントリー・モード（entry mode）の選択における文化的影響を指摘した[45]。ホフステードの文化的価値次元のデータを用いて，米国市場に進出した海外企業の228事例を分析し，海外市場へのエントリー・モードを選択する際に文化的距離（cultural distance）が影響を及ぼすことを実証した。この分析においてコグートらは，文化的相違を統計分析に反映させるホフステード・インデックス[46]を提示し，ホフステードの文化的価値次元分析のデータを用いて国際ビジネスの事象分析を行う方法論を示している。これを受けて，このインデックスを用いた多数の実証分析論文が後に続くことになる。文化を概念化し測定するのは非常に困難であり，故に，異なる文化間の差を計測することは困難とされるが[47]，コグートらが提示したホフステード・インデックスを用いた研究は文化的相違を国際ビジネスの議論に反映させる1つの方法論を提示した。コグートらに続いて，国際ビジネスに対する文化の影響を扱った研究の裾野は広がりをみせ，クロス・ボーダーの企業買収・合併などの事象への国民文化の関与といったマクロ的な分析から，職場における従業員満足度やパフォーマンスと国民文化の相関といったミクロ的なものまで散見される。また，企業の資本構成の選択，資金調達，投資の意思決定などの側面においても国民文化の影響が実証されるに至っている[48]。ホールとホフステードから続く流れは，国を単位とした文化的相違そのもの，つまりコンテクストを形成する要因の実証分析が中心であったが，文化的相違のもたらす影響に関する議論が展開されつつある。

　一方で，シェンカーは文化および文化間の差における安定性，対称性，線形成，因果関係性，不調和性を考慮すべきではないかとして，コグートらのインデックスの設計に疑義を呈した。シェンカーは，国際ビジネスにおける文化的距離のメカニズムについて論じるに際して，距離（distance）の概念を用いて，文化的相違の影響について掘り下げた議論を展開し，同じ二国間でも文化的相違には非対称性があることを示した[49]。文化を概念化する試みは非常に困難で，単純化した解を導くことは不可能であり，したがって，AとBという異なる国の文化の差を議論することに多大なる労力を払うことにはあまり意味がなく，むしろA文化とB文化が接触し，良くも悪くも摩擦（friction）が起きた時の具体的な事象を議論し分析することに意味があるのに対して，異文化接触に伴って発生する事象に係る議論や，その影響に関する実証研究は，未だ異文化マネジメント研究の中心とはなっていないと述べている[50]。

そもそも，国際ビジネス環境において「異文化マネジメント」に取り組むとは
どういうことなのか，端的に定義する概念が存在していない。よって国際ビジネ
ス実務に対する直接的なインプリケーションを示す論文や研究も多くなかったの
である。シェンカーは2001年の論文において文化的距離を縮小させるメカニズ
ムおよび取り組みを論じた。しかしこれは国際ビジネス研究において文化的距離
をどのように位置付けるかといった概念的な考察であり，必ずしも実務における
インプリケーションを目的としたものではない。ビジネスのグローバル化現象は
安定的ではなく様々な変化を起こしており，同時に文化の影響も増加し多岐に渡
っている。複雑化するグローバル・ビジネスにおいて実務への指針ともなり得る
異文化マネジメントのフレームワークの議論が望まれるところであり，今後の異
文化マネジメント研究が取り組むべき大きな課題である。

[注]
1) Ronen and Shenkar [2013].
2) Shenkar [2001].
3) Tsui, et al. [2007].
4) Adler [1984] [1991].
5) Hall [1976].
6) Kluckhohn and Strodtbeck [1961].
7) Hofstede [1980].
8) Hofstede [1980] [1991].
9) Hofstede [2006].
10) Hofstede [1980] [1991]. Hofstede, et al. [2010].
11) Tung and Verbeke [2010].
12) Mead [1998].
13) Chow, et al. [1994]. Mead [1998].
14) Thomas [2002].
15) Mead [1998]. MacSweeney [2002]. Oyserman, et al. [2002]. Javiden, et al. [2006].
16) Mead [1998].
17) Thomas [2002]. Javiden, et al. [2006].
18) MacSweeney [2002]. Oyserman, et al. [2002].
19) Schwartz et al [2010].
20) Inglehart, et al. [1998] [2004].
21) House, et al. [2004].
22) Kluckhohn and Strodtbeck [1961].
23) Kims and Gray [2009].
24) Schwartz [2004].
25) Schwartz [2004].
26) Inglehart [2003].
27) 世界価値観調査のデータについては，次のウェブサイトにて公表されている。
　〈http://www.worldvaluessurvey.org/wvs.jsp〉

28) Hofstede［2010］.
29) Kluckhohn and Strodtbeck［1961］.
30) Schein［1992］.
31) Triandis［1988］. Trompenaars and Hampden-Turner［1993］.
32) GLOBE プロジェクトは，2014 年発表の研究において，11 番目の文化圏として南太平洋圏（South Pacific）を追加した。
33) ホフステードは GLOBE の研究結果について主に次のように指摘した（2006, 2010）；① GLOBE の文化的価値次元の設定はホフステードの 5 次元を拡張したものにすぎない。特に権力格差，個人主義・集団主義，不確実性回避の 3 つの次元は両研究間の関連性が高い。② GLOBE モデルは次元数が多く，複雑すぎて活用が困難である。③ GLOBE の分析モデルを疑問視。GLOBE の調査結果は 9 次元中 7 つに，価値観と行動パターン間で負の相関が発生している。回答者に価値観と行動パターンを同時に質問し，回答者が混同して回答している可能性が高いと指摘。これに対し，GLOBE 側は，主として次のように反論した（Javiden, et al.［2006］）；①ホフステードの研究は IBM 社の社内調査結果を用いたもので，リサーチデザインが理論的ではなく設計プロセスが正しくない。②ホフステードの 5 つの文化的価値次元が，実社会におけるすべてを網羅しているのか疑問視すべきである。③文化と国富について，ホフステードは切り離して議論をするべきだとしているが，その理解は正しくない。文化と国富は相互に影響し合うものである。④ 30 年以上昔の研究結果をうのみにして安易に参照引用する研究者が多すぎると憂慮している。
34) Tung and Verbeke［2010］.
35) Ronen and Shenkar［2013］.
36) Ronen and Shenkar［2013］p. 879.
37) 11 のグローバル・クラスターは，アラブ，中近東（Near East），ラテンアメリカ，東欧，ラテンヨーロッパ，北欧（Nordic），ゲルマン，アフリカン，アングロ，儒教（Confucian），極東（Far East）。6 つのシングルトンは，オーストリア，ブラジル，インド，イスラエル，日本，韓国。
38) シュワルツが定義した個人を対象とした 10 の文化的価値次元（Schwartz［1992］）：①パワー（Power），②達成（Achievement），③快楽主義（Hedonism），④刺激（Stimulation），⑤自己志向（Self-direction），⑥普遍性（Universalism），⑦慈悲（Benevolence），⑧伝統（Tradition），⑨適応（Conformity），⑩安心感（Security）。
39) Romen and Shenkar［2013］.
40) Kim and Gray［2009］.
41) Shenkar［2001］p. 519.
42) Schwartz［1994］.
43) Sondergaard［1994］. Sivakumar and Nakata［2001］. Kim and Gray［2009］.
44) Franke and Richey Jr.［2010］p. 1290.
45) Kogut and Singh［1988］.
46) $CDj = \sum_{i=1}^{4} |(Iij\text{-}Iiu)2/Vi| /4$
CDj：j 国と米国との文化的距離，Iij：j 国の i 番目の文化価値次元（Hofstede），Iiu：米国の i 番目の文化価値次元，V：分散
47) Boyasigillier, et al.［1996］.
48) Ronen and Shenkar［2013］p. 868.
49) Shenkar［2008］.
50) Shenkar［2012］.

30　第Ⅰ部　理　論　編

[参考文献]

Adler, N. J. [1984] [1991] *International Dimensions of Organizational Behavior*, PWS-Kent. (江夏健一・桑名義晴監訳 [1992]『異文化組織のマネジメント』マグロウヒル。)

Boyacigiller, N. A., J. Kleinberg, M. E. Phillips and S. A. Sackman [1996] "Conceptualizing culture," in B. J. Punnet and O. Shenkar (eds.), *Handbook for international management research* (pp. 157-208), Cambridge, MA: Blackwell.

Franke, G. R. and R. G. Richey Jr. [2010] "Improving generalizations from multi-country comparisons in international business research," *Journal of International Business Studies*, 41(8), 1275-1293.

Hall, E. T. [1976] *Beyond Culture*, New York: Doubleday.

Hofstede, G. [1980] *Culture's consequences: International differences in work-related values*, Beverly Hills CA: Sage Publications.

Hofstede, G. [1991] Cultures and organizations: Software of the Mind. McGraw-Hill, New York, NY. (岩井紀子・岩井八郎訳 [1995]『多文化世界』有斐閣。)

Hofstede, G. [2006] "What did GLOBE really measure? Researchers 'minds versus respondents' minds," *Journal of International Business Studies*, 37(6): 882-896.

Hofstede, G. [2010] "The GLOBE debate: Back to relevance," *Journal of International Business Studies*, 41(12), pp. 1339-1346.

Hofstede, G., G. J. Hofstede and M. Minkov [2010] *Cultures and Organizations*, Software of the Mind, 3rd ed. (岩井紀子・岩井八郎訳 [2013]『多文化世界（原書第3版）有斐閣。)

House, R. J., P. J. Hanges, M. Javiden, P. W. Dorfman, and V. Gupta (eds.) [2004] *Culture, leadership, and organizations: The GLOBE study of 62 societies*. Thousand Oaks, CA: Sage Publications.

Inglehart, R., M. Basanez, J. Diez-Medrano, L. Halman and R. Luijkx [2004] *Human Beliefs and Values*: A cross-cultural sourcebook based on the 1999-2002 Value Surveys, Siglo XXI, Editores: Mexico.

Javiden, M., R. J. House, P. W. Dorfman, P. J. Hanges and M. S. de Luque [2006] "Conceptualizing and measuring cultures and their consequences," *Journal of International Business Studies*, 37(6), pp. 897-914.

Kim, Y. and S. J. Gray [2009] "An assessment of alternative empirical measures of cultural distance: Evidence from the Republic of Korea," *Asia Pacific Journal of Management*, 26, pp. 55-74.

Kogut, B. and H. Singh [1988] "The effect of national culture on the choice of entry mode," *Journal of International Business Studies*, 19, pp. 411-432.

太田正孝 [2008]『多国籍企業と異文化マネジメント』同文舘出版。

太田正孝・佐藤敦子 [2013]「異文化マネジメント研究の新展開とCDEスキーマ」『国際ビジネス研究』第5巻第2号，107-120頁。

Ronen, S. and O. Shenkar [2013] "Mapping world cultures: Cluster formation, sources and implications," *Journal of International Business Studies* [2013] 44, pp. 867-897.

Schwartz, S. H. [1992] "Universal in the content and structure of values: theoretical advances and empirical tests in 20 countries," Advances in Experimental Social Psychology, 25, 1-65.

Schwartz, S. H. [1994] "Beyond individualism-collectivism: New cultural dimensions of values," in E. Kim, H. C. Triandis, C. Kagitcibasi, S. C. Choi and G. Yoon (eds.), *Individualism and collectivism Theory, method and applications*, 85-119, Newbury Park, CA: Sage.

Schwartz, S. H. [2004] "*Mapping and interpreting cultural differences around the world,*" in H. Vinken, J. Soeters, and P. Ester (eds.), *Comparing cultures, dimensions of culture in a comparative perspective.* Leiden, the Netherlands: Brill.

Schwartz, S. H., R. Fischer, C. M. Vauclair, J. R. J. Fontaine [2010] "Are individual-level and country-level value structures different? Testing Hofstede's legacy with the Schwartz value survey," *Journal of Cross-Cultural Psychology*, 41(2) 135-151.

Schein, E. H., [1985] [1992] [2010] *Organizational Culture and Leadership*, Jossey Bass.

Shenkar, O. [2001] "Cultural distance revisited: Towards a more rigorous conceptualization and measurement of cultural differences," *Journal of International Business Studies*, 32 (3), pp. 519-535.

Shenkar, O. [2012] "Beyond cultural distance: Switching to a friction lens in the study of cultural differences", *Journal of International Business Studies*, 43(1), pp. 12-17.

Triandis, H. C. [1989] "The Self and Social Behavior in Different Cultural Contexts," *Psychological Review*, 96, pp. 269-289.

Trompenaars, F. and C. Hampden-Turner [1993] *Riding the Waves of Culture*, Nicholas Brealey Publishing Ltd. London.

Tsui, A. S., S. S. Nifadkar and A. Y. Ou [2007] "Cross-National, Cross-Cultural Organizational Behavior Research: Advances, Gaps, and Recommendations," *Journal of Management*, Vol. 33 No. 3, pp. 426-478.

（佐藤　敦子）

第3章

国の文化と組織文化

1. 国の文化とは

　国の文化に関する先行研究については前章で詳しく述べられているので，本章ではホフステード（G. Hofstede）以後，国の文化ならびに社会の文化の新しい見解として注目されている GLOBE 研究を中心に考察していく。

　人々が仕事に対してもつ価値観を，国の文化という概念と統計的手法の切り口でモデル化したのはホフステードであるが，彼が使用している国という単位は，国境で区切られた政治力学を中心とするグループとしての国の単位，すなわち国家単位である。ホフステードの研究においては，共通の歴史や過去のルーツが同じ場合，国家単位として同じでなくても同等のグループとみなすことは可能であると述べてはいるものの，あくまでその分析単位の基本は国であり，それを国の文化と言及している。

　それに対して，文化を分類する試みにおいて興味深いアプローチを行った例として挙げられるのが，1991 年にペンシルバニア大学ウォートンスクールのハウス（R. J. House）の着想により始まった GLOBE プロジェクトである。これは，アルバニアからジンバブエまで 62 の社会文化（societal cultures）という区分けを行い，それを 10 の社会クラスター（societal clusters）に分類するというものである。その 62 の社会文化というのは，政治的・地政学的な国家という単位ではなく，例えば英語圏カナダ，旧東ドイツ，旧西ドイツ，黒人の南アフリカ，白人の南アフリカ，フランス語圏スイス，ドイツ語圏スイスという社会人類学の分類を取り入れたものであり，文化を醸成する要素として宗教，言語，民族，風土，歴史など，数多くの背景を考慮に入れている。なおシャイン（E. H. Schein）の定義では，これらの要素は同じく考慮されているものの，次のように分類・整理されている。シャインの場合，まずは様々な文化を，マクロ文化，組織文化，サブ文化，ミクロ文化という 4 つのカテゴリーに分類し，GLOBE の社会文化を形成

する要素はその中の1つであるミクロ文化に位置づけている。

　往々にして，国の文化というと政治的国境を基礎とした国家単位で分類することを考えがちだが，実際には歴史，宗教や民族といった要素も考慮して捉えるべきであり，広義には上述の文化クラスターの影響も受けながら，国民の経験則として形づくられていくと考えられる。とりわけ，組織文化との関わり，それに対する影響という意味を含む場合，国の文化（national culture）という用語だけでなく社会文化（societal culture）という用語も使用され，組織文化に影響を与える外部環境要因の1つとして語られることが多い。

　本章では，国の文化を社会文化も含めた，組織文化に対応するものとして広義の意味で使用している。したがって，先行研究を引用する際に，当該研究の文章で社会文化（societal culture）という単語を使用している場合は，その用語のまま引用していくことにする。

2. 組織文化とは

(1) 組織文化研究のはじまり

　現代では経営学の一領域として認知されている組織文化も，その起源は文化人類学に遡ることができる。組織研究者は文化人類学の視点と手法を引用し，対象を人間ではなく組織に目を向けた研究を行ったわけである。逆にホール（E. T. Hall）やフェラーロ（G. P. Ferraro）のように文化人類学や異文化コミュニケーションの領域から経営学に積極的な貢献をする研究者も少なからずいた[1]。

　その先例として最初に挙げられるのは，概念としての「組織における文化」に着目したジャック（E. Jaques）が1951年に発表した *The Changing Culture of a Factory* であろう。そして，1971年にはターナー（B. A. Turner）の著書 *Exploring the Industrial Subculture* の中で，どのような組織でも，組織の中にある仕事や環境に関連する文化というものがあり，継続的にその文化を組織の中で発展させていると議論し，組織文化の存在を明らかにした。

　組織の文化，あるいは組織文化（organizational culture）という言葉自体が使用されるようになったのは，1979年にイギリスの学校を対象に調査結果を発表し

たペティグリュー（A. M. Pettigrew）の著書 On Studying Organizational Cultures に遡る。それ以前も1960年代に，米国の経営関係の文献に組織文化（単数形）という言葉が時折使われていたが，当時は組織風土（climate）の方が多く用いられていた[2]。ペティグリューは，社会学と文化人類学の手法を用い，組織文化というのは組織の創設におけるコンセプトならびにプロセスに深く関わっているため，当該組織の創設者のビジョンに基づいて形成される点に注目したのである。

(2) 企業文化研究の台頭

1976年にシルベルツワイグとアレン（S. Silverzweig and R. F. Allen）が企業の文化とパフォーマンスの関係を論じた著書で，企業文化という用語を使用したことから始まり，1982年にディールとケネディ（T. E. Deal and A. A. Kennedy）による『シンボリック・マネジャー（原題：Corporate Cultures）』と1982年にピーターズとウォーターマン（T. J. Peters and R. H. Waterman）による『エクセレント・カンパニー（原題：In Search of Excellence）』の出版によって，「企業文化」がさらに注目を浴びるようになった。1980年代以降に米国で盛んになった企業文化論に端を発する研究の多くは企業文化と企業業績との関係に焦点を置いて調査したものであり，業績のよい企業は強い企業文化をもっている傾向がある，という研究成果が多くを占めることとなる。その結果として，企業文化はマネジメントのツールになるとともにコンサルタントが好む概念となったため，2000年代になると「企業文化」はコンサルタントの領域となっていった[3]。

(3) 組織文化や企業文化の定義を巡る経緯

では組織文化とは何を指すのであろうか。様々な先行研究において共通して使われている意味は，「同じ組織で働く人が共有する価値観，信条，行動規範」である。これらは，創業者の行動やビジョンが組織の中に浸透し，他の者がそれを受け継ぐことで共有化される結果，組織文化が形成されていく。シャイン（E. H. Schein）の定義に見られる「過程のパターン」がまさにそれに該当する[4]。これについてはホフステード（G. Hofstede）も同様に，組織文化は仕事の中において，組織の慣習に根づいたガイドラインに基づいて構成されているものであり，組織が発展していく過程で作りあげられると述べている[5]。そして，成熟した段

階においては，「暗黙に共有された認知・行動様式」[6] となっていく。これらの概念をより明確に理解するため，文化を定義する上でレベル分けの重要性を示したシャインのモデルを見てみる。分析するために異なるレベルに区分し，文化の定義をモデル化したのがシャインである（図表3-1）。

　ここで言うレベルとは，文化的な現象を外側から見た場合に，どれだけ可視化可能であるかに応じてその範囲を意味している。初めて異なる文化に接した際に，見たり，聞いたり，感じたりできるものすべてが，最も表層に位置する第1レベル，すなわちアーティファクトに当たる。しかし，実際のところ文化の本当の意味を理解するのは容易ではなく，組織内部の人に真の意味を確認する必要がある。

　第2レベルは，リーダーやマネジャーから発生した価値観であり，組織が機能する上で貢献する役割を果たす。この信奉しうる価値観はメンバーに浸透することで共有化されていくが，必ずしも組織の方針や現状と一致していないこともある。この点において，組織のメンバーが共有する価値観を理解しただけでは組織文化を十分に説明するには足らず，議論の余地が残る段階である。最深層に位置する第3レベルは，それらが共有されるだけではなく，組織のメンバーにとって当たり前のものとなり，無意識に身に付いたものである。よって，外部者にとっては見たり，感じたりすることが難しい次元である。このレベルの組織文化を深く理解するためには，その成り立ちの歴史をふまえて把握する必要がある。

図表3-1　文化のレベル

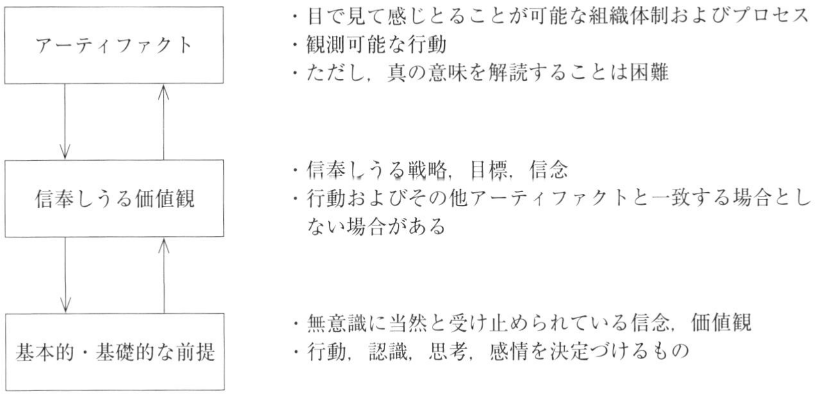

アーティファクト	・目で見て感じとることが可能な組織体制およびプロセス ・観測可能な行動 ・ただし，真の意味を解読することは困難
信奉しうる価値観	・信奉しうる戦略，目標，信念 ・行動およびその他アーティファクトと一致する場合としない場合がある
基本的・基礎的な前提	・無意識に当然と受け止められている信念，価値観 ・行動，認識，思考，感情を決定づけるもの

（出所）Schein［1985］p. 17.

一方で，組織は個人の集合体として成り立っているが，各個人はすでに1つもしくは複数の文化に属している場合がほとんどである。それは，国の文化や地域文化，あるいはまた職業文化でもある。その規模に関わらず，すべての組織はこれらの社会グループに属する個人から成り立っており，組織文化の源泉の要素の1つとも言える[7]。

このように，組織文化は内部と外部から影響を受け，様々な構成要素が複雑に絡み合って構築されている。とりわけグローバル化において考慮しなくてはならないのが，国の文化および地域文化の影響である。すなわち，個である従業員がすでに属する国の文化を組織にもたらし，所属組織環境における文化と絡み合うことで内部からの影響を受ける場合と，組織が本国以外の場所でオペレートする際に，現地の国や地域の文化という外部環境から影響を受ける場合との両方がある。

組織文化と企業文化の用語の使いわけについてシャインは，文化の発生源としてみれば，部門，職務グループおよびその他の組織単位のレベルにおいても，共通の職業を核として共通の経験をもてば文化は生じるとしている[8]。その意味では，階層のあらゆるレベルに文化は存在することになる。企業，公共，政府や非営利団体といったあらゆる種類の組織に組織文化があてはまるが，一般に，民間セクターのことを議論する場合には企業文化という言葉が使われる。

3. ビジネス形態の変遷と組織運営に及ぼす影響

ビジネスにおける異文化との対峙は今に始まったことではない。日本も弥生時代にはすでに中国との交易が始まっており，今日に至るまで長きに渡り様々な国々との人やモノの往来が行われている。それが近年になると，交通や物流関連の技術の発達やインフラ整備が世界各地で進んできていることを背景に，ビジネスがアプローチしうるエリアの拡大や所要時間の短縮が可能となり，またIT化による情報管理あるいは作業効率が格段に進歩したことも加わって，本国以外の複数の国に活動拠点を置く多国籍企業が一般化してきている。それに伴い，現地企業を取り巻く環境の多様性に対応しなければならないことや，組織の中で異なる文化的背景，異なる価値感をもつ人々と一緒に働く機会が増えていることで，異文化に対する理解を深めることが重要となった。

学術研究の世界においても，文化人類学者が研究を始めた頃には，研究の多く
は北米を中心としたモデルであったため，国の文化の影響がほとんどない研究結
果が主流であった[9]。また長年にわたり，異文化相互作用に関わる問題は最も扱
い難いのに加えて，グローバル経営効率への貢献度が最も低い変数とされてき
た[10]。

　異なる国の文化に遭遇し，対処していかなければならない程度は，ビジネスを
する相手，場所，そして当該企業自身が所属する組織の構成といった要素が変わ
ることでその度合いも変わってくる。輸出の必要もなく，生産も販売先も自国内
でビジネスをする場合には自国のコンテクストでこと足りるため，国の文化それ
自体を考慮に入れる必要はほとんどない。ところが他国に製品を売る場合，交渉
相手の国の文化について配慮する必要がでてくる。自社の子会社や支店を海外に
置いた場合はどうであろうか。さらには，自分の組織に異なる国の文化をもつ従
業員が入ってきたらどうなるであろうか。

　アドラー（N. J. Adler）は，異なる国の文化がどのようなインパクトを与える
かについて，企業がグローバル展開していく段階に合わせて，次のように定義し
ている。

〈ステージ 1：ドメスティック段階〉
　企業が本国でのみビジネスを行う段階で，以下の特徴をもつ。
　▶国内向け製品とサービスの提供のみを行う。
　▶本社が人事，ビジネスの前提条件，戦略をマネジする。
　▶異文化マネジメント，グローバル人事システムはほぼ必要ない。

〈ステージ 2：マルチドメスティック段階〉
　複数国でビジネスを展開するが，その仕様は各国に合わせる段階であり，以下
の特徴をもつ。
　▶製品やサービスをそれぞれの国のマーケットに適応させる。
　▶本社からの人間は自分たちのスタイルや商慣習などを他の国の顧客や同僚に
　　合わせる。
　▶マネジャーはビジネス活動を展開している現地国の文化に適したマネジメン
　　トを習得する必要がある。

〈ステージ 3：マルチナショナル段階〉

複数国でビジネスを展開しているが，その仕様は規格化されている段階で，以下の特徴をもつ。

▶統一規格品の大量生産によるコスト削減と価格競争が生じる。

▶価格競争が発生することで，文化的相違の影響が軽減されている。

〈ステージ4：グローバル（トランスナショナル）段階〉

ビジネスをグローバル展開する段階で，以下の特徴をもつ。

▶製品やサービスは世界中のアイデアを基にしているが，最終的には国や民族の違いに応じてマーケットにフィットするよう調整する。

▶異文化間のやりとり，マルチナショナルチーム，グローバルな提携をマネジする能力が根本的に必要となる。

　このように段階が上がるごとに，異文化に対処するマネジメントスキルが要求されると同時に，グローバルリーダーと呼ばれる人材が求められることになる。

4. 国の文化と組織文化の関わり

　国の文化が組織文化に与える影響を考察する上で，経営戦略論の研究事例が参考となろう。ポーター（M. E. Porter）は1980年に発表した『競争の戦略』の中で，外部環境との調和の重要性を説いた。一方，1990年代に入ると，バーニー（J. Barney）を主として提唱されたリソース・ベースド・ビューの理論では，異質な経営資源を組織の中にもつことで，持続的競争優位を保持することができるという内部の源泉に目を向けた研究事例も登場し，経営戦略を巡る組織のあり方の議論は大いに発展した。このように経営戦略論では，組織を多角的に分析し，それが置かれている内的および外的環境という点に着目することにより，優れた企業は高い成果や業績をどのように達成しているのかについて，1つの優れた知見をもたらす結果となった。

　上述の事例が示唆しているのは，組織文化を解明する際には，組織の内部およびそれを取り巻く外部環境からの影響を考慮しなければならない，すなわち国の文化による影響を考慮する必要があることである。

　バーニーはポーターのいう外部環境が同じ条件であっても，企業によって違い

があることを発見し，内部リーソスの違いを軸に新たな理論を展開した。国の文化の影響を受けることは，組織文化の形成の1つとして捉える必要があり，国の文化と組織文化はいかなる関係にあるかを考察することが重要となる。それは，国の文化が組織文化に与える影響のみならず，国の文化が組織文化にどのような制約を課す可能性があるかを理解することでもある。

(1) 社会文化が組織の文化慣習や価値観に与える影響

ドイツのルートヴィヒ・マクシミリアン大学のブロドベック（F. C. Brodbeck）らは，2003年の論文（これは後に"Leadership, Culture, and Organizations: The GLOBE Study of 62 Societies"という書籍の一章として出版）において，社会的要因が組織文化に与える影響を実証分析した。彼らは，産業セクターの違いによって組織文化に影響があるかを検証すると同時に，社会文化と密接な関連のある産業セクターは組織文化に影響を与えるのかについても検証している。これらの仮説の根拠としてあげているのが，人的資源依存理論（resource dependency theory）や制度理論（institutional theory）あるいは制度化理論（institutionalization theory）である。これらの諸理論は，組織が埋め込まれている社会を通して，強制的同型化（coercive isomorphism；政治，法制による圧力），模倣的同型化（mimetic isomorphism；成功している他の組織を模倣），規範的同型化（normative isomorphism；規則と規範）のいずれか，あるいは全てが組織に影響を与えることを示している。象徴的にいえば，制度化理論では「環境は組織に入り込む」という前提に立つのである[11]。

この説をもとに，ブロドベックらは27の社会と3つの産業分野（ファイナンス，食品加工，電気通信）における208組織から3,859人のミドルクラスレベルのマネジャーのデータを取り，GLOBEが設定した9つの次元；①権力格差，②不確実性回避，③制度的集団主義，④グループ内集団主義，⑤自己主張，⑥男女平等主義，⑦未来志向，⑧人間らしさ志向，⑨業績志向にあてはめる検証を行った。その結果，9つの次元すべてにおいて，社会文化は最も重要で強い影響を組織文化に及ぼすというデータを示した。つまり強い社会文化の影響が見られるということは，組織のデザインや競争力が，組織の埋め込まれている社会によって大きく影響されることを意味している。特に食料加工産業や電気通信産業といった地域文化に密接に関わっている場合は顕著である。他方，産業セクターの特徴

による違いが組織文化に及ぼす影響については，"男女平等主義"以外はこの仮説を支持する点は弱いと結論づけている。

 (2) 企業の経営理念・価値観に関する調査・分析

　ここでは，国の文化が組織文化に及ぼす影響を調べる上で，企業文化を可視化する1つの試みとして筆者が行った研究を事例としてあげることとする。

　先行研究から明らかになった企業文化の定義ともいえる経営理念（社是）・価値観をキーワード化しその内容を分類した上で，それらを数値化して定量的・定性的な分析を行い，その結果をホールのコンテクスト理論ならびにホフステードの国の文化のモデルにあてはめることでその影響を調査したものである。

　まず日米の企業を比較したところ，日本企業の経営理念には，「社会貢献・環境への配慮」を明記した企業が半数を超え，この中には社会や商品に対する「安全」も含まれていた。その一方で，従業員に対して「安全」な職場環境を提供すること，従業員の生活の「安定・幸福」等に言及した内向きのメッセージも多くみられる。これは，米国企業の経営理念と比較した場合，主要な相違点の1つとして挙げられる。同様に，日本企業の経営理念として大きな特徴とされるのが，ものづくりへのこだわりを表す「技術・ものづくり」という言葉の使用である。「ものづくり」という言葉自体に直接あてはまる英語が存在せず，当然，米国企業の経営理念の中には存在しない。また，後段でも触れるが，礼節等の精神論的な文言を経営理念の1つとして掲げている企業も散見される。これも米国企業との比較において特筆されるべき点である。

　米国企業の経営理念について分析を行った結果，日本企業と比較して際立つ傾向は，「Customer Value, Shareholder Value（顧客満足・株主利益追求）」を明示的に記載しているものが多いことである。米国における先行研究では，企業文化と業績の関連についての文献が多くみられる点が特徴的であるが，「イノベーション」等，新しい価値の創出やビジネスを育むことに焦点が置かれた文言からも，その関わりが明示される結果となった。会社は誰のものかといった議論においてよく取り上げられる論点でもあるが，日本企業では顧客満足に関しては積極的に触れられていても，株主への貢献を明示的にうたうことは敢えて避けている感がある。また，米国企業の特徴としては，コンプライアンス（Compliance）よりインテグリティ（Integrity）（誠実・潔白であること）をうたっている企業が

数としては多く，法令を守ることはもちろんであるが，嘘をつかないことに重きを置いている米国企業の傾向を如実に表していると言える。

個々の従業員のパフォーマンスに関わる点からは，リスクマネジメントの実践や，実力あるいは結果につながる価値観を従業員で共有できるような経営理念を挙げていることが多い。文化を含め，異なったバックグラウンドをもつ従業員が多く働く米国企業では，こうした価値観を明確にすることは必然的結果であると捉えることができよう。

さらに全体的傾向を単純化して把握するために，各キーワードを External（社外に向けた理念）ないし Internal（社内に向けた理念）に大別し，日本企業の経営理念を分析した。その結果，External（社外に向けた理念）が45％に対して Internal（社内に向けた理念）が41％となり，外部と内部向けのメッセージがほぼ同等の割合になった。このように日本企業の経営理念をキーワード化していく中で，米国企業には見受けられない区分が存在することが次第に明らかになってきた。それは，日本企業が米国企業と大きく異なる点とも言える，高コン

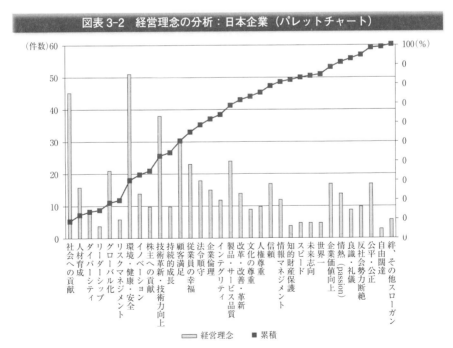

図表 3-2　経営理念の分析：日本企業（パレットチャート）

出所：小野［2013］185-200 頁。

テクスト（High Context）に関連する経営理念が14%も占めていることである。

具体的には「良識」「絆」「公明正大」等，経営理念というよりむしろ日本文化として美徳とされているような言葉を理念として掲示している場合である。これらを大別化するにあたり，当初考えていたExternal（社外に向けた理念）ないしInternal（社内に向けた理念）といった区分への分類化ではなく，日本の国の文化を特徴付ける1つである，高コンテクストという範疇を追加的に設定して分類していくこととした。結果として14%もの割合で，これらに分類される経営理念が存在することが明らかになった。他方，米国企業の場合は，日本企業を分析したパイチャートと明らかに異なる結果となった。その理由は日本企業で散見された高コンテクストといった区分に分類される経営理念が特になく，いずれもExternal（社外に向けた理念）ないしInternal（社内に向けた理念）といった区分に大別することが可能であったからである。External（社外に向けた理念）が7割以上を占めているという結果も，日本企業とは非常に対照的である。

本研究のデータ分析の結果を捉えるにあたり，ホールの異文化モデル（高コンテクスト文化と低コンテクスト文化）と国の文化を切り口とするホフステードの5次元モデルをもとにした分析のフレームワークを用いた。

ホールは，コミュニケーションの方法によって国や地域の違いを識別することができるとした。高コンテクスト文化では人々の関係が深く，コミュニケーション情報は非明示的となり，逆に低コンテクスト文化では，明示的なコミュニケー

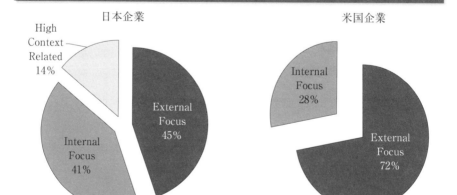

図表3-3　経営理念の分析：日本企業と米国企業（パイチャート）

（出所）小野［2013］185-200頁。

ションを多用するというユニークな理論を構築した。例えば，高コンテクストである日本人は，共通の言語，文化，価値観を所有しているため，言葉ですべてを説明しなくてもコミュニケーションが成り立つが，共有する知識や背景が少ないアメリカ人は，低コンテクストに位置付けられる。

　日本企業の経営理念・価値観においては，筆者の分析の結果，日本文化として美徳とされているような言葉や抽象的な表現も多くみられる。フェラーロが示したように[12]，高コンテクスト文化ではネガティブな表現を避けることで，真実よりも丁寧さを求め，煩わしい状況を回避しようとする欲求が勝ることを裏付けているようで興味深い。他方，米国においては，"インテグリティ"を経営理念・価値観としてあげる企業が多い。低コンテクスト文化では，ビジネスシーンにおいてコミュニケーションを通じ，絶えず誠実さやフェアネスをアピールすることが必要とされるのに対し，高コンテクスト文化では，一定のコンセンサスを共有することにより，それらが担保されているとも考えられるため，あえてそうしたコミュニケーション方法を取る必要性が高くないようである。日本企業の分析結果において，インテグリティが上位となっていないことからも，コンテクストの高い・低いという指標が本分析結果と定性的に合致していることを示している。

 (3) 組織文化の有効性と展望

　組織は社会に埋め込まれているため，外部要因としての社会の影響を受けるが，同時に組織の中で働く構成員自体がそれぞれの価値観というものをもっている。これら構成員がもつ価値観が国の文化に起因するものであれば，それが職場に影響を与え，組織の中にも国の文化の影響が見られるようになる。この場合は，国の文化が内部要因として影響を及ぼすこととなる。

　では，具体的に国の文化は組織文化にどのような影響を及ぼすのであろうか。システムや慣習が従業員の価値観や行動に与える影響として筆者が経験した例を挙げると，フランスでは工場の労働者と幹部との距離感が大きく，本社においてもアシスタントとマネジャーには目に見えない壁がある。彼らは，一緒に昼食をとるという慣習はほとんどない。このような慣習のあるフランスに日本の自動車メーカーが進出した際，日本式に管理職と非管理職の区別なく，同じ福利厚生制度を採用したことにより，工場の労働者の満足度を上昇させることに成功したと

いう実績がある。これは，国の文化であるフランスの慣習を，同じく国の文化である日本の慣習で置き換えることによって企業の組織文化を変えた一例であろう。

　逆に，国の文化が同じであっても，組織の中で作りあげられた文化が異なることで，それぞれの組織は独自の文化を形成しうる。また，多国籍企業の本社がどこの国を拠点としているかによって，本社国の文化の影響が異なってくるため，同じ業種であっても，米国企業と仏国企業では組織文化が異なるという事象も生まれる。上記の観点からの可能性として，国の文化として個人主義である米国の企業でも，リーダーの行動やチームワークが評価される人事システムの導入により，その企業の組織文化は集団主義の特徴を帯びるようになりうるかもしれない。

　これまで見てきた通り，組織文化と国の文化との関連性は，それぞれの影響度の観点から多種多様となりうる。逆に組織文化を自らの意図したものに醸成したい経営者側からみれば，国の文化の影響度を相対的に抑えたい場合，それをコントロールする1つの手段として，組織文化の強化に取り組むことも有効であると考えられる。1980年代にアメリカで盛んになった企業文化研究はまさにこの点に注目したものであり，組織のメンバーに同じ価値観や行動を求め，国の文化による組織への影響を少なくし，組織独自の文化を浸透させることを目的としている。

　様々な戦略の策定や実行を促進するような価値観，行動規範，ものの見方，考え方とはどのようなものか，いかにしてそれらを浸透させるか，あるいは障害となるものをいかにして排除・変革していくか[13]，という組織としての諸問題に焦点を置くことにより，組織文化を有効に活用し，国の文化の影響度を低減させることができる。リーダーシップ，戦略，変革というキーワードと密接に関連した組織文化の研究が多くなされているのはこうしたゆえんである。

　グローバル化が進んでいる昨今，日本の多国籍企業は様々な国にオフィスを構えているため，それぞれの国の文化に対応しながら企業文化の統一をとることが必要となる。従業員の国籍も様々であり，デスクを並べて一緒に働くことも珍しくなくなりつつある。このような組織環境下では，標準化した業務プロセス等を全社に浸透させることで持続可能な業務体制と効率化を図る管理面のアプローチだけでなく，経営理念や社是に組織としての役割や目的を明確に盛り込むことで，従業員が同じ目標に向かって進むことを促すことが必要となる。そして，それは企業成長の観点からみても重要である。企業成長を確かなものにしていくた

めには，解決しなくてはいけない問題点が2つあるからである。第一には，環境
に適応していくことであり，それには組織の存続が必要である。第二には，前述
したように，企業のメンバー同士の仕事の効率化を図り，内部の秩序を保つこと
である。環境の不安定さと複雑さに企業が立ち向かい，社員を効率的に順応させ
るための手助けとなるのが組織文化なのである [14]。

　本章では，組織文化の形成において，国の文化が内部から影響を与える大きな
要因の一つであることを明らかにした。この背景にはグローバル化による多国籍
企業の台頭があることは前述の通りである。こうした環境下において持続可能な
組織文化の醸成を行うための手法として，異文化マネジメントの重要性が脚光を
浴びつつあるのは当然の流れともいえる。今後，組織内のボーダーレス化が加速
するとき，組織文化と国の文化をどのように活かし，調和させていくかが重要な
ポイントとなってくるだろう。

［注］
1）　太田［2008］。
2）　馬越［2000］。
3）　Czarniawska［2012］.
4）　Shein［1985］.
5）　Hofstede, et al.［2010］.
6）　野中・沼上［1986］。
7）　Meier［2010］.
8）　Shein［1999］［2010］.
9）　Mintzberg［2009］.
10）　太田［2008］。
11）　Ghoshal and Westney［1993］p. 56.
12）　Ferraro［1990］.
13）　加護野［1982］。
14）　Shein［1985］.

［参考文献］
Adler, N. J.［1986］. *International Dimensions of Organizational Behavior*, Boston: Kent
　　Publishing.
Barney, J.［1991］"Firm Resources and Sustained Competitive Advantage," *Journal of
　　Management*, Vol. 17, No. 1.
Brodbeck, F. C., P. J. Hanges, M. W. Dickson, V. Gupta, and P. W. Dorfman,［2003］"Societal
　　Culture and Industrial Sector Influences on Organizational Culture," *WOP Working
　　Paper* No. 2003/1.
Czarniawska, B.［2012］, "Organization Theory Meets Anthropology," *JBA* 1(1) Spring, A
　　Story of an Encounter.
Deal T. E. and A. A. Kennedy［1982］. *Corporate Cultures: The rites and rituals of corporate*

life. Reading, MA: Addison-Wesley.

Ferraro, G. P. [1990] *The Cultural Dimension of International Business*, Prentice Hall, Inc. （江夏健一・太田正孝監訳 [1992]『異文化マネジメント』同文舘出版。

Ghoshal, S. and D. E. Westney [1993] *Organization Theory and the Multinational Corporation*, St. Martin's Press.

Grove, N. Cornelius. 〈http://www.grovewell.com/pub-GLOBE-intro.html.〉(2014/08/07)

Hall, E. T. [1976] *Beyond Culture*, Anchor Books.

Hofstede, G. [1991] *Cultures and organizations: Software of the mind*, New York: McGraw-Hill.

Hofstede, G., G. J. Hofstede and M. Minkov [2010] *Cultures and Organizations: Software of the mind*, Mc Graw Hill.

加護野忠男 [1982]「組織文化の測定」『国民経済雑誌』146(2)。

Kotter, J. and J. L. Heskett [1992] *Corporate culture and performance*, New York: Free Press. (梅津祐良訳 [1994]『企業文化が高業績を生む』ダイヤモンド社。)

馬越恵美子 [2000]『異文化経営論の展開』学文社。

Meier, O. [2010] *Management interculturel*, DUNOD.

Mintzberg, H. [2009] *Managing*, Berrett Koehler.

野中郁次郎・沼上幹 [1986]『企業文化』日本経済新聞社。

太田正孝 [2008]『多国籍企業と異文化マネジメント』同文舘出版。

小野香織 [2013]「日米企業の企業文化にみられる国の文化の影響」『商学研究科紀要』vol. 77, 早稲田大学大学院商学研究科。

Pettigrew, A. M. [1979] "On Studying Organizational Cultures," *Administrative Science, Quarterly*, 24.

Porter, M. E. [1998] *Competitive Strategy*, Free Press. (土岐坤・中辻万治・服部照夫訳 [1995]『競争の戦略』ダイヤモンド社。)

Schein, E. H. [1985] *Organizational Culture and Leadership*, Jossey-Bass.

Schein, E. H. [1999] *The Corporate Cultures Survival Guide* (金井壽宏訳 [2004]『企業文化』白桃書房。)

Schein, E. H. [2010] *Organizational culture and leadership*, Wiley.

梅澤　正 [2003]『組織文化　経営文化　企業文化』同文舘出版。

Peters, T. J. and R. H. Waterman [1982] *In search of excellence*. New York: Harpers and Row. (大前研一訳 [1983]『エクセレント・カンパニー』講談社。)

（小野　香織）

第4章

文化を超えるコンテクスト・マネジメント

1. なぜコンテクスト・マネジメントが重要なのか

　本書は理論編と実務編を通して，CDE スキーマのレンズから異文化マネジメントを考察する構成となっている。CDE スキーマを構成する3つの変数はいずれも重要であり，かつそれぞれが連動していることは第1章で述べた。一方，これら3つの変数の中で，個人が意識的かつ直接的に関わることができる変数はコンテクストのみである。

　「距離（Distance）」は多くの場合，所与であり，個人の力では変えようがない。最も明白なのは，第5章で後述するゲマワット（P. Ghemawat）の CAGE モデルにおける地理的距離（Geographic Distance）である。アメリカと日本の間には昔も今も太平洋の大海原が存在するし，中国が一衣帯水の隣国である事実は歴史を超えた普遍的事実でもある。ゲマワットが提起する他の3つの距離（文化的距離，行政的距離，経済的距離）も，個人が直接的にコントロールすることは極めて困難である。同様のことは，第6章で考察する「埋め込み（Embeddedness）」についてもいえる。個人がいずれかの文化や国，あるいは社会に生まれ落ちた瞬間から，彼あるいは彼女は無意識のうちに現地社会の文化，さらにはその後に関わる何らかの組織文化に埋め込まれるのであり，それをタイムマシンのように時空を遡って変更することは不可能に近い。

　他方，コンテクストは個人にとって，今まさに‘そこ’に存在する身近な変数である。それは家族，仲間といった小グループにおけるものから，第2章，第3章で述べたように，企業などの組織文化，社会文化さらには国の文化に至るまで多岐にわたるが，その多くは各人の個人的なコミュニケーション活動を通じて進化させ，変容させ続けることが可能である。コンテクストが個人の行動に強く関連した変数であるならば，「距離」と「埋め込み」はコンテクストの効果的なマネジメントを実現する上で必要不可欠な背景概念とも位置づけられる。

2. コンテクストとは何か

 (1) コンテクストのイメージ

ではコンテクストとは，そもそも何であろうか。図表4-1はコンテクストの簡単なイメージである。上段，下段にそれぞれ3つの記号が並んでいるが，真ん中の記号は上下段ともまったく同じである。しかし，上段真ん中の記号はアルファベットのBと解釈される可能性が高く，下段のそれはアラビア数字の13と解される可能性が高い。上段ではアルファベットのA，Cと推測できる記号が前後にあり，下段では12，14と思われるアラビア数字らしき記号が前後に位置しているからである。

もちろん，上段を「A，13，C」と解したり，下段を「12，B，14」と解することも論理的には可能であるが，通常の人的コミュニケーションにおいては，いずれの文化の人間も上段をA，B，C，下段を12，13，14と読みとる。これまで筆者はこの点について，各国のビジネスパーソン向けに行うエグゼクティブ・プログラムで必ず質問してきたが，どの文化でも反応は同じである。いずれの文化の人間も等しくコンテクストに依存したコミュニケーション行動を展開するからであり，それ故に，我々は文化を超えて複雑なコミュニケーション活動と，それ

図表4-1 コンテクストのイメージ[1]

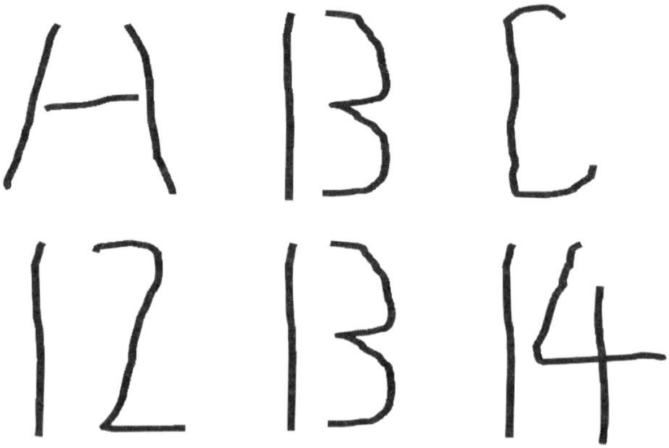

に基づくビジネス活動を展開できるのである。

　しかし，世界の人々がコンテクストに依存するコミュニケーション行動を展開する共通性を有するからといって，各文化のコンテクストの中身やパターンまで自動的に同じになる訳ではない。コンテクストは各文化の置かれた地理的，歴史的，言語的状況などに応じてその内容を形成していくため，その結果として，多かれ少なかれ文化間でのパターンに相違が生じるからである。逆をいえば，異文化状況においては，こうした様々な特定の文化，社会，組織において暗黙的に共有されている独自のコンテクスト・パターンに効果的な対応を取る能力が重要となる。そうでないと，異なる文化の外部組織との取引関係はもちろんのこと，自社のグローバル組織内における異なる文化をもつ上司，同僚，部下との関係を効果的にマネジすることが難しくなるからである。

　少々難しい表現をするならば，コンテクストとは，1）メッセージの送り手（sender）と受け手（receiver）との間に存在する文化的，社会的，心理的環境の総称であり，2）両者が相互に送受しあう言語的および非言語的なメッセージに付与される情報の意味を共有するためにアクセスしうる準拠枠（frame of reference）の一種として機能する。そして，3）その形成目的は個人の情報処理能力の保護と，コミュニケーション・プロセスの経済化とコミュニケーション効果を高めることにある。

　文化人類学では，文化とコミュニケーションは同義語ともいえるほど表裏一体の関係にある。文化は，その構成メンバーが独自のコンテクストを構築し，共有するための凝集力となるが，同時に，文化自体はその構成メンバーが日々展開するコミュニケーション行動によって持続性を獲得するからである。このように文化が人的コミュニケーション・プロセスを通じて共有され，あるいは伝播していく前提に立つならば，ある事物や出来事を表す記号の意味は，コミュニケーションが生じる際の先行条件（前述のイメージにおけるAや12の存在）から推測され，さらには終了時の結果条件（同様にCや14の存在）によって特定されることになる。

　Contextという英単語は，読書の際に意識する文章の前後関係を意味する「文脈」という訳語もある。しかし，一般に異文化マネジメントを論ずる際に「コンテクスト」というカタカナ語を用いるのは「文脈」よりも広い概念を含むからである。また，現実の異文化状況においては，むしろ先行条件だけをヒントに相手文化のコンテクストのパターンや，それによって特定される意味を掴み取るスキ

ルが必要となるからである。異なる文化環境で初めて遭遇した相手が発する言動の意味は，映像テープを巻き戻すように，事後的に分析することはまったく不可能ではないが，多くの場合，本のように何度も読み直すことは難しい。相手が感情をもつ生身の人間だからである。場合によっては取り返しのつかない事態を招くこともあるであろう。それ故に，事前に現地文化に関する基礎的パターンを理解した上で，相手の言動に異文化感受性をもって対応することが重要となる。

　もちろん，相手の文化パターンに事前に完全に精通した上で，異文化状況に臨むことは不可能である。相手の言動に関する先行条件にどれだけ留意したとしても，思考錯誤の連続となるのが現実であろう。その意味では，異なる国や社会で遭遇する事物や出来事に対して，常に好奇心（curiosity）や知的好奇心（inquisitiveness）をもつことが，最も重要なマインドセットとなる。実際，異文化状況に強いビジネスパーソンには，共通の特徴が観察される。それは，異文化の不慣れな行動パターンあるいは未知の「モノ（artifact）」，「コト（event）や展開（development）」に遭遇した際，「だから，何なに人はダメなんだ」とか「なんで日本人のようにできないんだ」といった否定的な視点からではなく，好奇心をもって「これはなんだろう」，「なぜそうなるのだろう」そして「それはどんなプロセスや背景でそうなっているんだろう」というWhat, Why, Howの観点からポジティブに分析できる能力である。その第一歩は「コンテクストはマネジできる変数である」と認識することから始まるといって過言でない。

 (2) コンテクストの可視化

　コンテクストという用語が，少なくとも異文化間でのビジネス研究領域において最初に登場したのはホール（E. T. Hall）の研究を通じてであろう。人的コミュニケーションにおいては，情報の共有が重要であることはいうまでもないが，実際にはそれだけではコミュニケーションは機能しない。コミュニケーションの究極の目的は情報に込められた「意味の共有（sharing of meaning）」であるが，その目的は，記号化された情報の交換によって自動的に達成されえないことは，遥か昔のギリシャ時代から知られていた。情報とコンテクストが統合されてはじめてコミュニケーションが成立するという認識である。しかし，そうしたコンテクストの存在を，図表4-2のように可視的モデルへと発展させたのはHallが初めてである。

このモデルは，コミュニケーションの送り手と受け手の間であらかじめ共有されているコンテクスト量が大きければ，そうでない場合に比べて，より少ない量の情報を交換するだけで同じ量の意味を共有できることを示している。換言すれば，所与の意味量を共有する場合，コンテクスト量と情報量は反比例の関係にある。言われてみれば誰もが理解できるシンプルなモデルではあるが，ある種の「コロンブスの卵」でもある。

　我々は誰しも，家族との会話と社会的に初対面の相手との会話とでは，コンテクストと情報の反比例関係を自動的に調節している。なぜ名作映画における家族の会話の意味が最初のうちは良く理解できないのか。そしてテレビドラマでは，なぜ家族の経緯についてあらかじめナレーションが入ったり，出演者の不自然なセリフを通して説明するのかは，この反比例関係を映画会社やTV会社がどう処理したかの結果でもある。

　すなわち，コンテクストとは本来，家族のレベルであれ企業組織のそれであれ，さらには国のレベルであれ，インサイダーが理解できれば良いとの前提で成立しているのである。かつてのフェデリコ・フェリーニ（Federico Fellini）の名作映画などでは登場する家族のコンテクストを，可能な限り時間をかけて暗黙知に近い形で聴衆にリアルに理解してもらうことに注力するが，制作時間や放映時間を長くとれないテレビドラマでは，聴衆に素早く主人公の家族を取り巻くコンテクストを形式知として提供することで，その弱点を補っている。

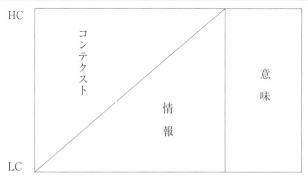

図表4-2　コンテクスト・情報・意味の相関関係

HC＝High Context（高コンテクスト）
LC＝Low Context（低コンテクスト）

出典：Hall［1976］.（邦訳［1979］）。

このように対応は異なってはいても，コンテクストをマネジしなければストーリー自体を展開できない点は共通している。この点において，ホールのモデルは異文化マネジメントの発展にとって画期的な役割を果たしたことになる。洋の東西を問わずビジネス社会において異文化問題や人的コミュニケーションの重要性がなかなか認識されなかった原因の1つは，異文化問題といえば，外国の風習の違いなどに関するカタログ的知識の整理や更新あるいは漠然とした異文化理解に留まり，異文化間におけるコンテクスト・マネジメントといった科学的分析がなされなかったことに起因すると筆者は考えている。

(3) コンテクストとは経験領域の共有

異文化マネジメントにおいてコンテクストが重要な意味をもつことを，さらに別の2つのモデルから補強してみよう。1つはシュラム（W. L. Schramm）が構築したコミュニケーション・モデル（図表4-3）である。シュラムによれば，人間のコミュニケーションは言語もしくは非言語のシグナルを通じて個人Aと個人Bの間で展開されるが，各々がどんなに文法的に正しく，発音もクリアな共通言語（多くの場合は両者にとっての母語，もしくは二人の母語が異なる場合は国際共通語としての英語）によって情報を共有したとしても，その意味的共有は両者の経験領域が重なった範囲において生じることを示している。

要するに，人間は経験したことしか真の意味を理解できないのである。この点において，コンテクストとはシュラムの提起した個人Aと個人Bそれぞれの経験領域の重なり部分が意味するものと類似している。もちろん，ここでいう経験

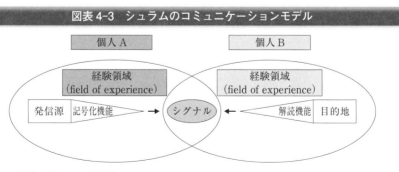

図表4-3　シュラムのコミュニケーションモデル

出所：Schramm [1954].

には，実体験を伴う直接的な経験と，論理と事実の知的把握に基づく間接的あるいは擬似的な経験とがある。直接的経験は効果的なコミュニケーションを展開するための重要な前提条件ではあるが，いつもそうした機会を利用できる訳でない。故に，コンテクスト・マネジメントにおいては，言語コミュニケーションを中心とした多くのメッセージのキャッチボールが重要となる。

老人に若者の行動が理解できないのは何故か。男性に女性の行動がなかなか理解できないのは何故か。そして，異なる文化の人間の行動が良く理解できないのは何故か。これらの問いに共通するのは，個人Aと個人Bに共通する経験領域が不足していることである。このことは，国際的な異文化状況においても，男女間のダイバシティ状況においても，さらには年齢の違いによるコミュニケーション・ギャップにおいても，メカニズムは本質的に同じである。ただし，異文化マネジメントでは多くの場合，言語が異なること，生じるコンフリクトの原因が客観的に捉え難いこと，さらには世界に存在する文化体の数が極めて多いなどの理由から，コントロールすべき異質性の範囲と程度が圧倒的に大きいのである。

(4) 意味の共有とコンテクスト

異文化マネジメントにおいてコンテクストが重要であることを支持するいま1つのモデル（図表4-4）は，コミュニケーションの究極の目的が情報の意味的共有であることと深く関係している。

オグデン（C. K. Ogden）とリチャーズ（I. A. Richards）がその著 *The Meaning*

図表4-4　意味のトライアングル

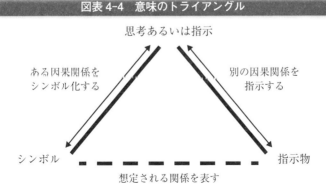

出所：Ogden and Richards [1952]．

of Meaning において提起した「意味のトライアングル（Triangle of Meaning）」は，言語学の観点からみた深遠な示唆を提供してくれる。このモデルにおける「思考（thought）あるいは指示（reference）」とは，読者の皆さんが日常的に頭の中に思い浮かべる様々な考えやイメージである。例えば一般に「猫」と呼ばれる動物を想起したとすると，その想起自体がここでいう「思考あるいは指示」となる。日本人であれば「猫」という言葉を用いることで，その想起を一般化し，他者とのコミュニケーションを図る。「猫」という言葉自体は，その動物を記号化したシンボルにすぎないが，論理的にみれば，その「思考あるいは指示」と「猫」という言葉との間には明らかな因果関係がある。一方，皆さんの猫に対する「思考あるいは指示」と「指示物（この例では「猫」と呼称される動物そのもの）」との間にも別の因果関係がある。しかし，ここで最も重要なことは，言葉としての「猫」という「シンボル」と，「指示物」としての実際の「猫」と呼ばれる動物との間には，安定した因果関係が存在しないことである。その動物は，自らが「猫」というシンボルで呼ばれていることも知らないし，「猫」と呼ばれる必然性もない。ただ，日本人がそういう記号を付与しただけであり，英語圏では "Cat" と呼ばれるだろうし，フランス語圏では "Chat" というシンボルが付されているからである。

　オグデンとリチャーズの「意味のトライアングル」がもたらす最大の示唆は，言語コミュニケーションにおいて，我々は非常に不安定な土台に基づきながら言葉のキャッチボールをしているという点である。この不安定性は，シュラムのモデルが示唆したように，同じ文化の人間同士であっても経験領域が異なれば，すぐには理解しあえないという命題とリンクする。そして，言葉や文化が異なればそのリスクがより一層大きくなることは自明である。こうした課題に対処するための正統的にしてシンプルな方法は，相手とコンテクストを共有するだけでなく，新たに創造することで共有面積を拡大することである。日本企業の中には，海外子会社の現地社員に組織文化を理解させるために，日本の工場で直接的な経験の機会を与えることが多い。こうしたコーロケーション（co-location；場の共有）を通じて，新たなコンテクストを創造することは効果的な解決方法の1つである。しかし，前述した通り，それが不可能な場合でも，言語コミュニケーションによるキャッチボールを多くすることで，知的な疑似体験を増やすことは可能であり，そうしたアプローチが21世紀のグローバル社会では日常的に求められるのである。

3. 日本的な高コンテクスト・コミュニケーション行動

 (1) 異文化状況は低コンテクスト環境

　コンテクスト・マネジメントが日本のビジネスパーソンに与える最大の課題は，古くて新しいテーマではあるが，その高コンテクスト性にある。ホールによれば米国は低コンテクスト社会であり，日本は高コンテクスト社会とされる。簡単に言えば，移民社会である米国はコンテクストに依存する程度が低く，それに反比例して明示的な言語コミュニケーションの量が多くなる。事実，米国企業CEOの仕事の多くは，組織内では部下とのコミュニケーション，対外的には様々なステークホルダーとの社会的コミュニケーションであると言われる。また「リーダーシップとは会話あるいは対話である」と言われるのも，こうした米国文化の傾向を反映している。

　他方，日本では明示的な言語コミュニケーションのキャッチボールをするよりも，コンテクスト自体の学習を重視する傾向が強い。一般に，故事，ことわざにはその社会の文化的価値観が反映されることが多いと言われる。「石の上にも三年」「雑巾がけ10年」といった日本の慣用句的表現には，高コンテクスト・コミュニケーションに重きを置く日本社会の文化的価値観が如実に反映されている。米国の大学では講義の途中でも疑問があれば挙手して質問をし，教授も一般的にそれを歓迎し，質問をきっかけに双方向的な授業へと展開していく。他方，小学校時代から「質問は先生の話を聞いてからするのがエチケット」との価値観が埋め込まれている日本の大学生は，どんなに講義途中での質問を奨励しても，なかなか現実の行動には結びつかない。その結果，最近では英語による授業が日本の大学でも増えつつあるが，質問やディスカッションのイニシアティブは留学生が取ることが多いという皮肉な状況も生まれる。

　こうした文化的価値観が強く埋め込まれている日本のビジネスパーソンは，国際的な異文化状況においてハンディキャップを背負うことになる。異なる文化の人間と接触する際には，日本人同士で暗黙に了解されたコンテクストに依存できず，低コンテクスト環境に呼応したコミュニケーション行動を取ることが要求される。しかし，米国のような低コンテクスト社会の人間は，自文化でのコミュニ

ケーション行動をそのまま遂行しても基本的に有効であるが，日本のような高コンテクスト社会の人間は，国際的なコミュニケーション環境では意図せざるコンフリクトを引き起こすからである。

 (2) 高コンテクスト・コミュニケーションの利点と弱点

　どんなものにも利点と弱点がある。高コンテクストコミュニケーションは余韻の深い芸術的活動には大きく貢献するが，科学的，実利的な相互作用においてはボトルネックとなりやすい。また日本人の高コンテクスト性は，国内でのコミュニケーションあるいは日本人同士でのコミュニケーションに限定されることが多いため，国際的なコミュニケーション環境では弱点となりやすい。では，日本人が文化的に深く埋め込まれている高コンテクスト・コミュニケーションとは，具体的にどんなものであろうか。それが把握できれば日本人にとって有効な異文化コンテクスト・マネジメントが可能となるはずである。そこで，まず一般論としてのコンテクストの利点と弱点から整理してみる。

〈コンテクストの利点〉
▶共通の準拠枠としてアクセスできるためコミュニケーション・プロセスの効率化が進む。
▶コミュニケーション・コストが低減する。
▶情報の意味的共有が進むため，送り手と受け手の双方の目的関数の最適化に寄与する。

〈コンテクストの弱点〉
▶コミュニケーション・プロセスの初期段階ではゼロに近く，またその形成には長時間を要するため，継続的でないコミュニケーション・プロセスには活用が困難である。
▶共有しない人とのコミュニケーションではノイズに変化する。
▶文化，副次文化，パーソナリティ，技術・専門的知識など，様々な要因が複合的に関与するため，個々のコミュニケーション環境における形態は千差万別となり，そのパターン化が困難である。

第4章　文化を超えるコンテクスト・マネジメント　57

　次に，ホールが提起した文化によるコンテクストの高低差は，それぞれの社会にどんな結果をもたらすのであろうか。両者を比較してみると，次のような特徴が見えてくる。

〈高コンテクスト文化の特徴〉
▶意味は異なるレベルの社会文化的コンテクストに暗示的に埋め込まれている。
▶集団的感覚や集団主義に価値を置く。
▶時間を掛けて，永続する人間関係を構築する。
▶間接的な言語相互作用に価値を置くとともに，非言語的表現や雰囲気を読む能力が要求される。
▶感覚的，感情的表現を好む傾向がある。
▶シンプルかつ曖昧なメッセージを発する傾向がある。

〈低コンテクスト文化の特徴〉
▶直接的なコミュニケーションを通して「意味」を明示する。
▶個人主義に価値を置く。
▶一時的な人間関係を展開する傾向がある。
▶直接的な言語相互作用に価値をおく。
▶考えを提示するために論理を用いる傾向がある。
▶言葉と技術的記号を強調するとともに細部を提示することで，構造的なメッセージを強調する傾向がある。

　この比較リストからわかる通り，高コンテクスト文化の長所は，少ない情報量で効果的な相互作用を行えることにある。また高コンテクストなメッセージは余韻が多く，想像力の入る余地が多い。実際，音楽にせよ文学にせよ美術にせよ，時代と文化の壁を超越して人々に感銘を与える芸術のほとんどが高コンテクストなメッセージを発するのはそのためである。高コンテクストなコミュニケーション行動は人々に安らぎを与え，人間らしい相互作用にも寄与する。しかし，こうした利点の過大評価や安易な依存は，特にグローバルビジネスにおける効果的な異文化相互作用を阻害しかねないことに留意すべきである。

(3) コミュニケーション環境／行動マトリックス

コンテクストの効果的なマネジメントは，コミュニケーション行動の最大の目的である「情報の意味的共有」の成否を決定し，さらにはビジネス行動の成否にもつながる。前述のホールの仮説を発展させ，特定のコミュニケーション・プロセスが生じる環境（コミュニケーション環境）と，その環境下で実際に送り手がとる行動（コミュニケーション行動）との関係をコンテクスト・レベルの高低から捉えたのが図表4-5のマトリックスである。

高コンテクスト・コミュニケーション行動の利点は，少ない情報量で効果的な相互作用を行える点にあるが，それが生かされるためには，送り手と受け手の間にすでに同じコンテクストが共有されていなくてはならない。したがって，低コ

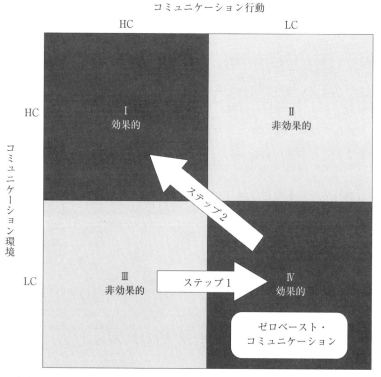

図表4-5　コミュニケーション環境・行動マトリックス

出所：太田 [2008] 221 頁。

ンテクスト・コミュニケーション環境における高コンテクスト・コミュニケーション行動には，マイナスの相互作用を引き起こす潜在的リスクが伴う。

　第1に，高コンテクスト・コミュニケーション行動は，受け手に送り手のコンテクストを理解させるのに多大な時間と労力を要するからである。第2に，高コンテクスト・メッセージは低コンテクスト・コミュニケーション環境においては相手への説明不足，さらには消極的な相互作用を志向している印象を与えるからである。他方，低コンテクスト・コミュニケーション行動の利点と弱点は高コンテクスト・コミュニケーション行動の裏返しとなる。具体的には，高コンテクスト・コミュニケーション環境における低コンテクスト・コミュニケーション行動はしつこい印象を与える。また重複が多いためコミュニケーション・コストが高くなり，非効率的かつ非効果的である。しかし，低コンテクスト・コミュニケーション行動は明示的であるため，異文化状況のようなコンテクストを共有しない相手とのコミュニケーションには効果的となる。

　人的コミュニケーションでは，あるコミュニケーション環境が所与として設定されてしまうことが多い。しかしコミュニケーションの当事者，特に送り手は，そうした所与のコミュニケーション環境を自らのコミュニケーション行動を通じてマネジすることは可能である。異文化コミュニケーションの初期段階では，送り手と受け手の双方が，文化的にみて低コンテクスト・コミュニケーション環境に位置するため，図表4-5の‘Ⅳ’の位置でのコミュニケーションが効果的となる。とくに日本人の場合には，国内でのコミュニケーション環境が文化的に強度の高コンテクスト・コミュニケーションを前提としているため，相当強く意識しないと異文化状況においてもそのまま高コンテクスト・コミュニケーション行動（‘Ⅲ’から一足飛びに‘Ⅰ’を目指す）をとりがちである。

　日本人ビジネスパーソンのコミュニケーションが説明不足であるとか，あるいは消極的であると評価されてきた原因は必ずしも英語力の低さにあるのではなく，文化を超えたコンテクスト・マネジメントの重要性を認識していなかったことと深く関わっている。図表4-5に基づくならば，第一ステップとして‘Ⅲ’の窓から‘Ⅳ’の窓に移動して，自らのコミュニケーション行動を低コンテクスト状況に対応させることが重要となる。高コンテクスト・コミュニケーション行動のまま‘Ⅲ’の窓から‘Ⅰ’の窓へ垂直に上昇するのではなく，いったん‘Ⅳ’の窓に，いわばシフトダウンすることでゼロベース・コミュニケーション（文化的に低コンテクストなコミュニケーション行動）を基本とするのである。次

に，その位置で言語コミュニケーションのキャッチボールを積み重ねることで相互に新たなコンテクストを形成しながら，第二ステップとして‘Ⅳ’の窓から‘Ⅰ’の窓へと移行する。こうした異文化コンテクスト・マネジメントを遂行することで，異なる文化をもつ送り手と受け手の相互のコミュニケーション環境は，望ましい新たな高コンテクストなものへと変容していくのである。

[注]
1) この図表は編著者がかつてアメリカ留学中に目にしたイメージである。非常に分かりやすいイメージであるため強く記憶に残っているが，出典は確認できていない。したがって，オリジナルが誰の手によるものかは，少なくとも編著者の知る限りでは不明である。

[参考文献]
Earley, P. Christopher and Soon Ang [2003] *Cultural Intelligence: Individual Interactions Across Cultures,* Stanford Business Books.
Ghemawat, P. [2001] "Distance Still Matters: The Hard Reality of Global Expansions," *Harvard Business Review,* September 2001, pp. 137-147.
Hall, Edward T. [1976] *Beyond Culture,* Anchor Press/Doubleday.（岩田慶治・谷泰共訳 [1979]『文化を超えて』TBSブリタニカ。）
―――― [1966] *The Hidden Dimension,* Doubleday & Company Inc.（日高敏隆・佐藤信行訳 [1970]『かくれた次元』みすず書房。）
―――― [1960] "The Silent Language in Overseas Business," *Harvard Business Review,* May-June.
―――― [1959] *The Silent Language,* Double Day and Company Inc.（国弘正雄・長井善見・斉藤美津子訳 [1966]『沈黙の言葉』南雲堂。）
Hampden-Turner, Charles and Fons Trompenaars [2000] *Building Cross-Cultural Competence: How to Create Wealth from Conflicting Values,* Yale University Press.
Mead, Richard [1990] *Cross-Cultural Management Communication,* John Wiley & Sons.
太田正孝 [2008]『多国籍企業と異文化マネジメント』同文舘出版.
Ogden, C. I. and Richards, I. A. [1952] *The Meaning of Meaning,* New York: Harcourt, Brace & World, Inc.
Polanyi, Michael [1966] *The Tacit Dimension,* Routledge & Kegan Paul Ltd., London.（佐藤敬三訳 [1980]『暗黙知の次元 ―言語から非言語へ―』紀伊国屋書店。）
Schramm, W. [1954] "How Communication Works" chapter 1 in *The Process and Effects of Mass Communication,* Urbana: University of Illinois Press.

（太田　正孝）

第5章

距離の脅威と場の粘着性

1.「距離」と「場」はコインの裏表

CDE スキーマの第2の変数は「距離（distance）」である。ここで言う距離には，地理的距離（geographic distance）に代表される物理的距離（physical distance）と文化的距離（cultural distance）に代表される心理的距離（psyche distance）の双方が含まれる。特に心理的距離は，そうした距離を生み出す各現地社会の「場（locus）」のメカニズムと不可分の関係にある。各国において支配的な文化的コンテクストがその独自性と効果を発揮しうるのは，各国間に存在する距離の産物でもある。物理的距離があることで各社会は独自のライフスタイルを構築しうるが，距離が近ければ相互に影響を与えあう機会が多いため，そのライフスタイルは相対的に類似したものとなりやすい。

日本人は，アーティファクト（artifact；人造物）としての箸を用いて食事をする。近隣のアジア諸国の人々も，材質や形状は異なるが，同様に箸を用いる。韓国では，金属製の箸が文化的に好まれる。中国の箸は竹や木できたものもあるが，昔であれば象牙製，現在は主にプラスティック製で，日本の箸よりもかなり長く太い形状が用いられる。また，中国の箸は日本や韓国のそれとは異なり，先端が尖っていないものが好まれる。日本の箸は割烹での食事に見られるように，個人別の小さな器に供された酢のものなどでも器用に食することができる形状となっている。一方，中国の箸は大きな丸テーブルを大人数で囲んで，真ん中に位置する大皿に盛られた料理を皆でシェアするのに適した形状になっている。このように，箸の形状1つとってみても，各文化なりのライフスタイルや価値観が反映しているので興味深い。しかし，形状や使い方に相違はあっても，箸というアーティファクトを使う点では共通性があり，それは距離の近接性がもたらしたと考えられる。他方，アジアから物理的距離が遠い欧州では，全く異なる食事のためのアーティファクトであるカトラリー（cutlery；フォーク，ナイフ，スプーン

類）が発案され，それが欧米諸国で支配的なアーティファクトとして現在まで続いている。

　このように世界の国々や諸文化の関係を距離と場の観点から考察していくと，世界市場における収斂と分散の周期的な振り子運動に通ずることが理解されよう。前述の通り，歴史的に我々の世界はさまざまな帝国の勃興を契機に，収斂と分散の時代を繰り返してきた。収斂が行き過ぎると多様性と独自性を重んずる分散の力学が強くなり，分散が行き過ぎると効率性と合理性を重視する収斂の力学が舞い戻る。

　現在の世界市場をみてみると，20世紀が米欧日の3極構造を中心とする収斂の力学が支配した単純グローバル化の時代であったのに対して，21世紀はBRICs, BRIICS, VISTA といった新興市場が台頭する複雑系グローバル化の時代となっている。グローバル・ガバナンスはG8からG20へと拡大し，AIIB（アジアインフラ投資銀行）の設立などがメディアを賑わすなど，明らかに分散の力学の局面に入ったと言えよう。その結果，最近では多くの企業のトップマネジメントが，従来は軽視されてきた異文化の理解，異文化との共創を，自社のグローバル戦略における最重要事項の1つに挙げることが一般的となっている。

　繰り返しとなるが，文化間の相違を生み出す原動力を時空間的にみるならば，「距離（distance）」と「場（locus）」の2つの概念に還元しうる。「距離」がもたらす様々な制約要因や差異と「場」が個人や組織に与える粘着的な影響力は，古今東西すべての国際的活動の原点でもある。なぜ，アレキサンダー大王がその生涯を通じてオリエントに情熱を傾け，現ギリシャでの政治的・軍事的基盤を築いた後，ダレイオス3世が統治するペルシャを征服してヘレニズム文明を生み出し，さらにはインド，中国をも支配しようとする壮大な遠征の旅に明け暮れたのか。なぜマルコポーロが世界史上最大の領土を有した，当時の元帝国の首都である大都（現在の北京）に惹きつけられ，ベネチアからシルクロードを遥々旅してアジアにやって来たのか。彼らは，ある意味で，自らのホームグラウンドと遥か彼方の未知の土地との間に横たわる「距離の脅威」を超越することで，本国文化がもつ「場の粘着力」に挑戦したとみることもできる。その点においては，現在の多国籍企業あるいはグローバル企業が直面している現象や問題も本質的に同じである。

2.「距離」と「場」に関するビジネス研究のスタンス

世界は距離の脅威と場の粘着性の持続的葛藤によって進化してきたと捉えることができるが，少なくとも1945年の第二次世界大戦終了時から1990年代まで，ビジネス研究における「距離の脅威」と「場の粘着性」に対する関心はあまり高くはなかった。

第一の理由は，第二次世界大戦後の半世紀，米欧日の多国籍企業の戦略的優先順位がグローバル・リーチ（global reach）に置かれた結果，それにフィットする単純グローバル化の論理が支配的だったからである。第二には，1990年代のニューエコノミー時代がとりわけ象徴的であるが，インターネットの商業利用に始まるITの利便性がきわめて革新的であったために物理的距離のもつ脅威が消滅し，その結果，心理的距離の脅威も容易に克服されると考えた人間が多かったからである。「世界はフラットである（The World is Flat）」との議論が盛んになると同時に，IT革命から次々と生まれるイノベーションが人々を魅了したのである。そして第三には，製品ビジネスにおけるプロダクト・アウトの力学がグローバル・リーチの段階では効果的であったことが挙げられよう。

こうした諸要因が複合的に重なった結果，「距離の脅威」と「場の粘着性」という国際的活動にとって本源的なダイナミクスが20世紀後半のグローバル市場という大海の海面下に沈んでしまい，見えなかったのである。しかし，皮肉にも21世紀に近づくにつれて，グローバル・リーチが達成され，インターネットを始めとするIT革命のベネフィットが地球規模でコモディティ化し，さらには製品ビジネスよりも人間の文化的側面の影響をより強く受けるサービスビジネスが世界経済の主導権を握るようになると，「距離の脅威」と「場の粘着性」が再び海面上に浮き上がってきた。

「距離の脅威（tyranny of distance）」とは，オーストラリアの歴史家 Geoffrey N. Blainey が1966年に著した *Tyranny of Distance: How Distance Shaped Australia's History* において用いられた言葉であり，母国イギリスならびにヨーロッパ，さらにはアメリカからも物理的に隔離されていたことが，オーストラリアの歴史形成にいかに影響を与えたかを論じている。後年 Ives Doz＝Jose Santos＝Peter Williamson の3人は，1999年に著した *From Global to Metanational: How Companies Will Win in the New Knowledge Economies?* の

中で「距離の脅威」という言葉を多用しながら，21世紀のグローバル知識経済においては，距離への戦略的対応が企業の持続的な国際競争力にとって重要であることを提起した。したがって本書で用いる「距離の脅威」は，国家や地域の間には歴然たる距離が存在し，その距離こそが多様な文化の独自性を生み出す原動力であると同時に，価値観や行動パターンの相違を生み出す原動力であることを強調した言葉である。

　元来，輸出取引のような物資の国際移動，さらにはグローバル市場における人的資源，情報，知識といった様々な経営資源の国際移転を研究対象とする国際ビジネス研究にとって「距離の脅威」を意識した議論は数多い。古くは1970年にフェアウェザー（J. Fayerweather）が提起した経済的（economic），文化的（cultural），政治的（political），法的（legal）からなる国際マーケティングの4次元アプローチがある。またフェアウェザーとともに国際ビジネス研究の一時代を築いたロビンソン（R. Robinson）は1978年の著書で，国際経営における6大環境要因として，①国家主権の相違，②国民経済条件の相違，③国民の価値観および制度の相違，④国内の産業革命のタイミングの相違，⑤地理的遠隔性，⑥地域および人口の相違を挙げている。グローバル・リーチの論理がますます強くなっていった1978年の時点で，多国籍企業が直面し解決しなくてはならない課題として，「地理的遠隔性」と「地域および人口の相違」を挙げていることは特筆に値する。地理的遠隔性は物理的距離そのものであり，地域の相違はロビンソンの異文化への敬意を示唆している。

　フェアウェザー，ロビンソンに続いて，距離に関する重要な提言をした研究者としては，時系列的にパールミュッター（H. V. Perlmutter）とホフステード（G. Hofstede）が挙げられる。パールミュッターは1979年にEPRGプロファイルを提起し，MNCsの国際化プロセスを経営パースペクティブの観点から，本国中心主義（Ethnocentrism），現地中心主義（Polycentrism），地域中心主義（Regiocentrism），地球中心主義（Geocentrism）の4つに分類した。ホフステードは1980年に，IBMの世界40カ国の子会社の比較研究に基づき，文化に関連した価値観を，①権力格差，②不確実性の回避，③個人主義／集団主義，④女性的／男性的に分類した独創的モデルを提唱した。フェアウェザーとロビンソンが「距離の脅威」への問題意識を提起したのに対して，パールミュッターとホフステードはそうした研究に有用なフレームワークやモデルを構築したという意味で画期的であった。特にホフステードのフレームワークは，国際ビジネスにおける文化的変数

に関して，世界で初めて地球規模の統計的調査を遂行した結果であり，その後の研究に多大なインパクトを与えた。

3. ゲマワットの CAGE モデルと AAA モデル

21世紀に入ると，それまでの過度な単純グローバル化への揺り戻しとして，現地化圧力や複雑系グローバル化を強調する議論が多くなる。その代表的なものは何といってもゲマワット（P. Ghemawat）による「CAGE モデル」と「AAA モデル」であろう。ゲマワットは2001年に"Distance Still Matters"と題する大胆なタイトルを冠して，距離への感受性と戦略的対応能力が21世紀のグローバル市場で成功するうえで如何に重要かを説いた。

CAGE とは C（Cultural），A（Administrative），G（Geographic），E（Economic）の頭文字であり，ビジネスパーソンが国際ビジネス活動で遭遇する様々なタイプの距離の影響を理解するのを助けるために開発されたモデルである（図表5-1参照）。表の上段には距離の各側面に含まれる要素が示されており，下段には距離の種類によって影響される産業や製品の事例が列挙されている。例えば，本書に最も関係の深い文化的距離（C）を見ると，距離を生み出す特性として「異なる言語」「異なる民族性」「異なる宗教」「異なる社会規範」が挙げられており，そうした文化的距離の影響を受ける産業や商品として「言語の影響の大きい商品（テレビ番組）」「消費者の文化的，国家的アイデンティティに影響する商品（食品）」「車の大きさや家電の基準」「パッケージ」などがあるとしている。

CAGE の分類方法（文化，行政，地理，経済）は，基本的にフェアウェザーが提唱した国際マーケティングの4つの環境（経済的，文化的，政治的，法的）にロビンソンの地理的距離を加えたものであり，特に目新しいものではない。しかし，前述したように，これらの距離の概念は我々の世界史に根源的に埋め込まれている忘れかけられた力学であることに鑑みれば，複雑系グローバル化が始まる21世紀冒頭に，詳細かつシステマティックな形態で登場したところに大きな意義がある。

ゲマワットの議論を要約するならば，企業は往々にして海外市場の魅力を過大評価しがちであるが，その理由はグローバル市場を単純グローバル化の力学と市場の同質性の観点から捉えすぎるとともに，国際ビジネス環境における距離の意

図表 5-1　図表 CAGE（距離のフレームワーク）

	C：文化的な距離	A：政治的な距離	G：地理的な距離	E：経済的な距離
距離を生み出す特性	・異なる言語 ・異なる民族性、紐帯となる民族性や社会的ネットワークの欠如 ・異なる宗教 ・異なる社会規範	・旧植民地と旧宗主国の関係、あるいは旧植民地国同士の結びつきの欠如 ・共通の通貨あるいは政治的同盟の有無 ・政治的な対立 ・政府の方針 ・未整備な社会制度	・物理的な隔たり ・国境を接していない ・海・川からのアクセスがない ・国土の大きさ ・交通の便や通信状況が悪い ・気候の違い	・消費者の所得レベルの違い ・以下のコストおよび質の違い 　1）天然資源 　2）資金的資源 　3）人的資源 　4）社会的インフラ 　5）仲介者のインプット 　6）情報あるいはナレッジ
距離に影響される産業や商品	・言語の影響が大きい商品（テレビ番組など） ・消費者の文化的アイデンティティに影響する商品（食品） ・以下の特徴が異なる商品 　1）大きさ（車） 　2）基準（家電） ・パッケージ ・品質が特定の国と結びついているもの（ワイン）	以下の業界には政府の介入度が高い。 ・必需品の生産者（主食、電気） ・「基本的人権に関わる」商品の生産者（薬品） ・大量雇用者（農業） ・政府への大手サプライヤー（公共輸送機器） ・国威をかけた産業（航空機） ・国家安全保障に欠かせない産業（通信） ・天然資源を利用する産業 ・サンク・コストが高い産業（社会的インフラ）	・重量あるいは容積当たりの価値が低い商品（セメント） ・壊れやすい、腐敗しやすい商品（ガラス、果物） ・コミュニケーションならびに通信手段が重要な産業（金融サービス） ・地元の規制・運営の基準が高い産業（多くのサービス産業）	・所得水準で需要特性が変わる（車など） ・基準化あるいは規模の経済が重要（携帯電話） ・人件費やその他のコスト要因の差が顕著（衣料） ・市場対応力と俊敏性が必要（家電）

出所：Ghemawat [2001].

味を軽視するからであるとしている。国際経済学者でもあるゲマワットのCAGEモデルは数量的データに基づく説得力に富んだものではあるが，限界もある。それは国際貿易のデータでしか説明していない点にある。国際ビジネス活動は貿易，海外直接投資（FDI；Foreign Direct Investment），国際戦略提携（International Strategic Alliance）の3つの基本モードによって遂行されるが，海外直接投資や国際戦略提携の数値データは，国際貿易のように輸出通関などを通じて把握される公式統計が存在しないため綺麗に処理することが困難だからである。

こうした問題に応えたのが，ゲマワットが2007年に発表した「AAAモデル」である。AAAモデルは，図表5-2に示す通り，国際ビジネス活動にとって不可避な国家間，文化間の相違への対応をAdaptation（適応），Aggregation（集合），Arbitrage（裁定）の3つのメカニズムで説明する。Adaptationとは現地ニーズに直接に応えるメカニズムであり，Aggregationはグローバル効率性やグローバル合理性を追求するメカニズム，そしてArbitrageは各国，各文化の間にある相違をマネジすることでベネフィットを創出するメカニズムである。

AAAの中で，距離の問題に最も深遠に関わるのはArbitrageである。その原型は，かつて総合商社などで一般的だったコモディティ商品の売買にみられる鞘取引にある。日本市場で買った商品の取引価格と，時差の関係でその後に開く，

図表5-2　図表CAGE（AAAモデル）

① Adaptation
　現地市場への適応を通じて収益増加をはかる

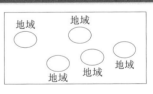

② Aggregation
　商品のデザインや製造法を統一することで，
　規模の経済を通じた収益増加をはかる

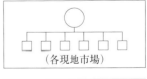

③ Arbitrage
　グローバル・サプライチェーンを活用して
　収益増加をはかる

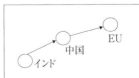

出所：Ghemawat [2007] pp. 58-68.

例えばロンドン市場での価格との間に有利な利ザヤが生じたら，転売することで利益をあげる方法である。しかし，こうした商売は世界市場がITで瞬時に繋がる時代においては，ある種の「忘れられた戦略（Forgotten Strategy）」になっていた。

　しかし，そうしたトレーディング・ビジネスでなくともArbitrageは実行可能である。その実例の1つが，インドのIT企業が米国企業のIT関連業務を国境を越えて引き受けた国際アウトソーシングのビジネスモデルである。例えば，NYで午後5時にオフィスを閉めた時に処理しきれなかった財務処理などの業務を，インドのIT企業にアウトソースすると，翌日の午前9時にNYのオフィスに出勤するときまでに届いているのである。インドには非常に優秀かつ安価な給与で働くシステム・エンジニアが豊富にいて，また英語が母国語であることで可能となるビジネスモデルである。これはNYとインドの時差を有効活用したITベースの現代版Arbitrageであり，米国の東海岸とインドの間に存在する冬時間で10時間半，夏時間でも9時間半の時差がむしろ有利に働く取引でもある。

　似たような事例として，筆者の夜間週末MBAプログラムの集中授業をWhartonのインド人教授と共同で教えたことがある。早稲田大学の夜間MBAの授業は1時間目が19：00〜20：30，2時間目が20：35〜22：05であり，インドと日本の時差は3時間半である。そこで私たちは，日本時間の20：30，すなわちインドでの就業が終わる17：00から，毎晩日替わりでインド企業のCEOたちにTV会議に参加してもらう授業を1週間実施した。学生は教科書で勉強したインド企業のCEOたちから直接レクチャーを受け，さらにQ&Aを通してCEOたちとの双方向的授業を経験できたため満足度が非常に高かった。こうした授業形態は，日本を基点にした場合，欧米とは時差がありすぎて実施が難しいのでインドが限界かもしれないが，Arbitrageのバリエーションであることには変わりない。

　では，Arbitrageは時差がなければ成立しないのであろうか。時差や地理的距離が離れている場合にはそのベネフィットが見えやすいが，時差や地理的距離が小さくてもAribtrageは可能である。例えば，日本企業の様々なコールセンターが人件費の安い中国大連に多く存在している。大連には日本語ができる中国人スタッフも多く，また日本との時差が1時間であるため日本市場へのリアルタイムなサービスを提供できるという意味では別のパターンのArbitrageである。

　ここでは理解しやすい時差の事例で説明したが，ゲマワットが提起する

Arbitrage の本質的な意味は，国や文化の価値観や生活パターンの相違のすべてをグローバルレベルで有効活用する着眼や発想が重要であるという点にある。その意味では，AAA モデルは本質的に Adaptation と Arbitrage が基盤となっているといっても過言ではない。異なる文化の集合体であるグローバル市場でビジネスを成功させるためには，構成要素であるそれぞれの現地市場への Adaptation（適応）が必須となる。さらに，Adaptation を遂行できる複数の現地文化の間で Arbitrage を活用できれば，よりチャンスが広がるからである。そうしたマインドセットを踏まえながら，各国市場をいわば横串でプラットフォーム化できるものを Aggregation（集合）させるのである。最初からグローバル市場を Aggregation の観点から見るよりも，むしろ異なる文化を前提とした対応である Adaptation や Arbitrage の観点から見ることで，グローバルビジネスはもっとエキサイティングなものになるはずである。それ故に，ゲマワットは AAA モデルを発表した著書のタイトルを "Forgotten Strategy" としたと推測できる。

4. ホフステードの文化的価値次元

異文化マネジメントにおける距離と場の議論に最も深遠な影響を与えた 1 人は，第 2 章でも紹介されたホフステードである。その意味では，若干の重複を承知の上で，その理論的フレームワークについて簡単に触れておこう。

ホフステードは 1980 年に画期的な著書である *Culture's Consequences: International Differences in Work-Related Values* において，MNCs のマネジャーと従業員の行動と態度は国によって大きく異なるとして，その度合いを測る尺度として次の 4 つの価値次元を提起した。

① 「個人主義／集団主義（individualism/collectivism）」の次元

個人主義とは，緩やかに結合した社会，言い換えれば，人々が自分ならびに直接の家族だけに関心を払う社会を意味する。他方，集団主義とは，緊密に結ばれた社会的フレームワークが特徴であり，人々は自分達の集団（親族，部族，組織のような "身内集団"）と他の集団を明確に区別する。集団主義の文化が外的な社会的圧力すなわち "恥" によってメンバーをコントロールするのに対して，個人主義の文化では内的圧力すなわち "罪" によってメンバーをコントロールする傾向が強い。

② 「権力格差（power distance）」の次元

「権力格差」の次元は，組織内で権力の弱いメンバーが，権力の不平等的分配をどの程度まで受け入れるかを測定する。権力格差が高い国（例：フィリピン，ベネズエラ，インド）では，上司を飛び越えることは反抗的であるとみなされる傾向が強い。他方，権力格差の低い国（例：イスラエル，デンマーク）では，従業員は仕事を遂行するために頻繁に上司を飛び越えることが期待される。

③ 「不確実性回避（uncertainty avoidance）」の次元

"不確実性回避" とは，人々が曖昧な状況にどの程度脅威を感じるかである。一般に不確実性回避が高い国（例：日本，ポルトガル，ギリシャ）では終身雇用制が一般的であり，不確実性回避の低い国（アメリカ，シンガポール，香港，デンマーク）では，一般的に労働市場の流動性すなわち離職率や転職率が高い。

④ 「男性らしさ／女性らしさ（femininity/masculinity）」の次元

"男性らしさ" とは，社会において支配的な価値観が人に対する配慮を特に重視せず，むしろどの程度強く独断性や物質主義を重視するかの問題である。他方，"女性らしさ" とは，社会において支配的な価値観が，人々の間の関係，他人に対する配慮，および生活の全般的な質を重視している程度を意味する。

図表5-3はこれら4つの価値次元に基づいて調査された全50カ国のうち代表的な10カ国のスコアを表示したもので，いわゆるホフステード・インデックスと呼ばれる（注：のちに Michael H. Bond と実施した長期志向についてのスコアも含まれる）。このスコアは各国別の一般的傾向を示しているが，調査対象各国の全被験者の平均スコアでしかないことに留意する必要がある。ある2つの国が特定の価値次元（例えば，不確実性回避）において異なるからといって，それら2つの国のいずれの従業員も同様に異なるとは限らないし，同じ国においても，特定の次元におけるばらつきがあるため，特定の従業員が平均スコアを代表している訳ではないからである。その意味では，ホフステード・インデックスは異文化相互作用における古代からの知恵であるステレオタイピングを，統計的データで客観化したものと捉えることができる。

ホフステードが異文化マネジメント研究において果たした最大の貢献は，そのインデックスが妥当か否かよりも，そうした価値次元の連続線を用いて，混沌とした世界の諸文化の行動パターンを観察するフレームワークを提供したことである。グローバル化がもたらす2つの大きなチャレンジは拡散（dispersion）と二

第 5 章　距離の脅威と場の粘着性　71

図表5-3　文化的価値次元のフレームワーク					
	権力格差	個人主義	男性化	不確実性回避	長期的志向
USA	40	**91**	**62**	46	29
Germany	35	**67**	**66**	*65*	*31*
Japan	*54*	*46*	**95**	92	80
France	68	**71**	*43*	86	30
Netherlands	38	**80**	14	*53*	*44*
Hong Kong	68	25	**57**	29	96
Indonesia	**78**	14	*46*	48	25
West Africa	**77**	20	*46*	*54*	16
Russia	**95**	*50*	40	**90**	10
China	**80**	20	*50*	*60*	118

出所：Thomas［2002］.

元性（duality）のダイナミクスにどう対応するかである。簡単に言えば，拡散の
ダイナミクスはグローバル化すればするほどコントロールしなくてはならない不
確実性とコストが飛躍的に大きくなることを意味する。なぜ United Airlines が
Star Alliance を通じてグローバル市場でイニシアティブを取ろうとするのかと
いえば，もちろん各国の主権の問題や以遠権の問題があるため簡単には他国の航
空会社を買収することはできないが，そもそも世界の航空路線を一国の一社で独
占することは拡散のダイナミクスの観点から不可能に近いからである。歴史上，
どんな一国あるいは一組織も世界を支配したことがないのと同じである。この点
は物理的距離の面からのボトルネックでもある。

　しかし，より対応が難しいのは二元性のダイナミクスである。本国市場だけで
操業する場合，企業は本国社会の独自の文化的前提，文化的価値，そしてそれら
に裏打ちされた多くの公式および非公式な社会的規範に従っている。しかし外国
市場に進出した途端，多かれ少なかれ，企業は異なる文化的前提や文化的価値，
それらに裏打ちされた異なる社会的規範に適応せざるを得なくなる。こうした本
国と進出国における価値パターンや行動パターンの相違は，文化人類学的観点か
らみれば，両国に共通して存在する社会的問題を解決するために社会的に可能な
多くの選択肢の中から，それぞれの国の文化体がどの方法論を選んだかという選
択の結果と捉えることができる。

　例えば，アメリカは個人主義（individualism），日本は集団主義（collectivism）

が強いといわれる。しかし，どちらも個人と全体（あるいは社会）との望ましい関係を築くという共通の社会的目的を達成するために，それぞれの文化体にとってベストあるいはベストに近いと信じられる解決方法として構築されたシステムである。例えば，日系MNCsが様々な国々に生産拠点，販売拠点，R&D拠点を築く場合，すべての進出国において完全に日本と同様の集団主義を押しつけて行動するのは不可能に近い。世界には日本的な集団主義に近い国もあれば，アメリカ的な個人主義の価値観が支配的な社会もあるし，個人主義と集団主義の中間に位置する国もありうる。こうした個人主義と集団主義に関する多様な文化的状況に遭遇した場合，各国によって異なる文化的パターンが生じる根源，すなわちこの例で言えば，個人主義 vs. 集団主義という二者択一的な対立構造ではなく，個人主義と集団主義を両極にもつ連続線において文化条件適応的に対応することが求められる。

　すなわち二元性ダイナミクスとは企業活動が国際的に拡散したときに生じる，文化的価値や文化的行動のパターンに関する多種多様なトレードオフを意味する。組織がグローバル化するということは，そのカバーする距離が拡大，拡散するだけではなく，その拡大，拡散した時空内で展開される行動パターンや価値パターンも多様化する。拡散ダイナミクスは，MNCsの組織戦略やネットワーク戦略といったハード面あるいは制度的な対応で相当程度克服可能であるが，二元性ダイナミクスはソフト面，特に異文化問題を中心とする組織プロセスへの正面きった対応がなければ克服できない。その意味では，21世紀は二元性ダイナミクスをグローバル・レベルで管理調整できる組織能力と，そうしたオペレーションを実際に遂行するグローバル・マネジャーの人的スキルが必要とされることになる。当然のことながら，そのどちらにおいても異文化マネジメントなくしては効果的な解決方法に到達することはできない。

5．フォン−ヒッペルの情報粘着性の概念

　最後となるが，異文化マネジメントにおける場の粘着性の議論への貢献は意外な所から生じた。MITでイノベーションマネジメントを専門とするフォン−ヒッペル（E. A. von Hippel）が1994年に提唱した情報粘着性（information stickiness）である。フォン−ヒッペルによれば，情報とは鳥もちのようにベタベタし

たものであるため，必要な部分だけを人為的にそっくり取り出して，ある人間から別の人間，あるいはある場所（locus）から別の場所へ簡単に移転できないことを意味する。この立論は，ポランニー（M. Polanyi）の暗黙知（tacit knowldge）とも相通ずるものであり，国と文化を超えた知識移転を日常的に処理しなくてはならない21世紀の企業にとって重要なインプリケーションをもつ。

　ポランニーの暗黙知が定性的分析から導き出されたのに対して，フォン‐ヒッペルは米国企業で製品設計を担当するR&D部門の人間がもつ情報には独自の粘着性があり，その設計に基づいて実際に製造する工場の人間には彼ら独自の情報粘着性，さらには最終製品を市場に売るマーケティング部門の人間にも別の情報粘着性があることに着目し，定量的分析の結果，情報粘着性がバリュー・チェーンの構築においていかに重要な役割を果たすかを発見したのである。

　情報粘着性とは製品開発プロセスにおける問題の解決に必要な情報を，それを必要とする人間に利用可能な形で移転するために掛かるコストの大きさを意味する。こうした情報粘着性を引き起こす要因としては，一般的に，①情報そのものの性質，②情報の送り手と受け手の属性やコンテクストの相違，③移転される情報量などが挙げられる。しかし，フォン‐ヒッペルの意図とは関係なく，情報粘着性の基本理念は国際的な知識移転や異文化間での価値共有プロセスに重大なインパクトを与える。なぜならば，情報は知識を形成する基本要素であり，情報粘着性は知識粘着性に繋がるからである。さらにいえば，異文化マネジメントとは，ある意味で国や文化の境を超えて知識マネジメントをすることに等しいからである。

　情報粘着性が異文化アプローチに与える有用性の１つは，それが明確な特性をもつユニークな場所（locus）を前提とした立論だからである。情報が特定の場所で発生し進展すること，さらにはそうした情報の集合体が知識であるとの立場にたつならば，異なる場所と心理的距離が生じることになる。あるいは逆に，物理的距離や心理的距離が生じる結果，各現地の時空に独自の文化，独自の行動パターンや価値パターンが発達するため，その時空で行動する人間はそうした個別の文化に深く埋め込まれることになる。その意味では，「場の粘着性もしくは拘束力」と「距離の脅威」は同じコインの裏腹なのである。

　［参考文献］

Doz, Yves, Jose Santos and Peter Williamson［2001］*From Global to Metanational: How*

Companies Will Win in the New Knowledge Economies?, Harvard Business School Press.

Fayerweather, John [1970] *International Marketing*, Prentice-Hall.

Gemawat, Pankaj [2003] "The Forgotten Strategy," *Harvard Business Review*, November.

Gemawat, Pankaj [2001] "Distance Still Matters: The Hard Reality of Global Expansion," *Harvard Business Review*, September.

Gemawat, Pankaj [2007] "Managing Differences: The Central Challenge of Global Strategy," *Harvard Business Review*, March.

Hofstede, Geert [2003] *Culture's Consequences: Comparing Values, Behaviors, Institutions and Organizations Across Nations*, 2nd ed., Sage Publications.

太田正孝 [2008]『多国籍企業と異文化マネジメント』同文舘出版。

Ota, Masataka [2005] "Strategic and Organizational Challenges Facing Japanese MNCs in the Global Knowledge Economy," *Invited Paper to the Proceedings of Korea University's Centennial Celebrating International Symposium on Research and Methodology in International Business*, Korea University.

Perlmutter, H. V. and D. A. Heenan [1979] *Multinational Organizational Development*, Addison-Wesley.（江夏憲一・奥村皓一監訳 [1990]『グローバル組織開発』文眞堂。）

Polanyi, Michael [1966] *The Tacit Dimension*, Routledge & Kegan Paul Ltd., London.（佐藤敬三訳 [1980]『暗黙知の次元―言語から非言語へ―』紀伊国屋書店。）

Robinson, Richard D. [1978] *International Business Management: A Guide to Decision Making*, 2nd ed., The Dryden Press.

Schein, Edgar H. [1992] *Organizational Culture and Leadership*, 2nd ed., Jossey-Bass Publishers.

Thomas, David C. [2002] *Essentials of International Management: A Cross-Cultural Perspective*, Sage Publications.

Von Hippel, Eric A. [1994] "'Sticky Information' and the Locus of Problem Solving: Implications for Innovation", *Management Science*, Vol. 40, No. 4.

（太田　正孝）

第6章

埋め込みのダイナミクス

1.「埋め込み」とはなにか

　本章ではCDEスキーマの第3の変数である「埋め込み（Embeddedness）」の力学について，多国籍企業の本社―子会社関係で生じる本国文化への埋め込みを意味する「内部埋め込み（Internal Embeddedness）」と，進出した現地文化への埋め込みを意味する「外部埋め込み（External Embeddedness）」の2つの枠組みで議論していく。

　「埋め込み」の概念を経済的行為に関する文脈で最初に提唱したのは，暗黙知を提唱したマイケル・ポランニーの次兄のカール・ポランニー（K. Polanyi）とされている。彼は，『大転換』[1]という著作の中で，市場経済が日常生活の概念から離床（dis-embedded）して，社会に変化を強要するプロセスについて詳述した。そこでのポランニーの主張は，市場経済が離床したあとに残る経済的行為（「非市場経済」と呼ばれる）は社会に埋め込まれ（embedded）ており，経済環境は非市場経済と市場経済の複合運動（Double Movement）であるべきというものであった。そして，社会を構成するメンバーは，市場経済を他の社会的ニーズに優先して容認することはなく，したがって，市場経済は社会に変化を強要しつつも社会を完全に取り込むことはできない，と予測した。

　一方，グラノベッター（M. Granovetter）は，ポランニーが提唱した「埋め込み」概念について，その適用対象範囲を非市場経済的な制度に限るのではなく，市場経済的な制度にも拡大できることを示した[2]。グラノベッターは「埋め込み」概念を，「経済的行為と経済的結果は，すべての社会行為や結果と同じように，行為者の二者（一対）間の関係，および，諸関係のネットワーク全体の構造に影響される」[3]と定義した。ポランニーが「社会」のような抽象度の高い対象に基づいて定義していたのに対して，グラノベッターはネットワーク構造に注目することで，明確な概念化や操作化に向けた精緻化へと「埋め込み」アプローチ

を発展させ，現在の経済社会学の基礎を確立したと言われている。

　グラノベェターと同時期に，新制度派社会学者のズーキン（S. Zukin）とディマジオ（P. DiMaggio）は，経済活動に影響する社会的要因の「埋め込み」を，「経済行為の随伴的性質」としてグラノベェターより広義に定義し，以下の4つの種類の「埋め込み」に区分できることを示した[4]。

① 認知的埋め込み

　経済的行為主体の心理的プロセスが経済合理性を制限することをいう。情報の不確実性や複雑性を処理する我々の能力には限界があり，特定の状況においてもすべての情報を処理できないため，情報処理を簡易化する手段として情報の分類を行っている。しかし，そうした分類を経ることで客観的事実に対する認知的な偏りが生じる。それ故，経済合理的な判断においても，その前提となる情報の認識それ自体が認知的プロセスから生じる偏りを伴うために限界がある，としている。

② 文化的埋め込み

　経済的行為が文化に埋め込まれていることをいう。ポランニーのいう「埋め込み」はこれに該当すると言える。ディマジオは文化を「共有される社会的認知（Social cognition）」と定義し，具体的には，信念や態度，規範，価値，評価，または，策略や論理，習慣行動，スクリプト（定型的と考える手続き）あるいは，それらを導き出すルールや分類システムなどを指す，としている[5]。この社会的認知を共有する特定の集団がもつ文化的要因が，経済合理性に基づく判断に影響を与える，としている。

③ 構造的埋め込み

　経済的行為が社会ネットワークの構造に影響されることをいう。グラノベェターの定義する「埋め込み」はこれに該当する。経済的行為の主体が置かれている社会ネットワークでのポジショニングや，当該社会のネットワーク構造そのものが経済的合理性に基づく効用に影響を与える，としている。

④ 政治的埋め込み

　経済的行為における主体の意思決定が，政治的な権力や勢力等に影響されることをいう。同時に，経済現象や制度の成立には，国家や政治，権力闘争等が歴史的にも重要な役割を担っているため，経済合理性に基づく効用に対して影響を与える，としている。

これら4つを包括した「埋め込み」の定義としては，「経済的なコンテクストにおける意思決定が，社会的，文化的，政治的，認知的に構造化されたもの」であり，経済行為での「主体自身が周囲にある社会的な繋がりから分離できないことを提示する」[6]と捉えるベケルト（J. Beckert）の定義がある。このベケルトの定義などを一見すると，「埋め込み」アプローチが示すものは，経済的行為がネットワークに代表される社会関係に制約されることであるかのように思われやすい。しかし，「埋め込み」アプローチは，制約を受けるということと同時に，ネットワークに埋め込まれることで得られる効用，あるいは，埋め込まれなければ得られない効用があることも示している。それは，経済社会学者のウジィ（B. Uzzi）が，「埋め込み」の効果とは「市場外にある社会的な資源や機会を含めた広範なビジネスの資源と機会を流通させる」[7]ことである，と提示したことに代表される。これらの効用は「社会関係資本（social capital）」として説明される。そこで，「埋め込み」の効用である社会関係資本についても確認をしておこう。

社会関係資本については，いくつかの有力な定義はあるものの一本化されていないため，ここでは，社会関係資本を理論的に体系化したリン（N. Lin）の定義に従って議論を進めていく。リンが定義する社会関係資本とは，「人々が何らかの行為を行うためにアクセスし，活用する社会的ネットワークに埋め込まれた資源」[8]となる。さらにリンは，社会関係資本が生み出す効用を以下の4つに整理している。

① 情　報（information）

通常，市場は不完全な状態にあるので，特定の社会関係がなければ入手できない情報がある。また，社会関係があることで取引費用が減少して，特定の情報にアクセスする機会や選択肢が提供されることもある。

② 影響力（influence）

特定の戦略的位置や地位にあることが，個人の能力を超えて社会関係に影響を与え得る。そして，特定の人や組織との関係が，組織全体のエージェント（意思決定者）の意思決定の手続きに影響を与えることもある。

③ 信用証明（social credential）

個人の背後に存在する社会関係により，その個人が利用できる資源が示される。そこで示された資源によって，当該個人や個人が所属する組織への信用が証明されることがある。

④ 補　強（reinforcement）

78　第Ⅰ部　理　論　編

社会関係によって個人や組織の身元や固有性（アイデンティティ）が認められ，その承認が強化される。その承認により，情緒的なサポートに留まらず，特定の資源への公的な権利を得ることがある。

　これらの効果は特定のネットワークや社会関係に埋め込まれていなければ享受できないものであるため，社会全体における公平性や効率性の観点からは否定的な評価もされる[9]。しかし，こうした否定的観点は，差別化と機会損失の回避を重視すべき企業組織では，経営資源として重視する必要があることを示してもいる。例えば，「ダイナミック・ケイパビリティ・フレームワーク（Dynamic Capability Framework; DCF）」と名付けられる「組織が意図的に資源ベースを創造・拡大・修正する能力」[10]に注目し「厳しい競争にさらされた環境変化」のなかで「企業がどのように持続的競争優位を実現するかを説明する」[11]概念がある。DCF の議論では，社会関係資本は「探索と選択といった経営機能の基盤」となる「経営者のダイナミック・ケイパビリティ」を構成する主要な要素として示される。経営者のダイナミック・ケイパビリティは「経営者の人的資本・認知・社会関係資本」で構成され，「経営者のダイナミック・ケイパビリティ（中略）が不適切な文脈で採用される」ことで企業の「進化的適合度は（中略）むしろ低くなってしまう」[12]とも指摘される。

　さらに，企業組織においては，適切な社会関係資本へのアクセスや活用を目指して「埋め込み」を操作・制御する行為戦略が確認されている。社会関係資本への投資とも呼べるこれらの行動は「埋め込み」のマネジメントと呼ばれる[13]。なお，行為主体である個人や組織が意図的に制御できる埋め込みは，前述のズーキンとディマジオによる４つの「埋め込み」のうちで「構造的埋め込み」のみであると考えられる。その理由を以下に述べる。

　まず，「認知的埋め込み」だが，経済的行為主体が人間であることを前提としている限り，認知的埋め込みの回避が難しいことは，行動経済学の成果として提供されている[14]。また「文化的埋め込み」を意図的に制御することの困難さについては，本書全般のテーマとも言える通りであろう。さらに「政治的埋め込み」についても，１つの組織や個人にとってその外部に存在するマクロな環境が対象であるため，意図的な制御は困難であると言えよう。総じて，「構造的埋め込み」以外の３つの埋め込みについては制約的側面が強く，その制約による影響を縮減するべき対象ではあるが，戦略的意図をもって操作・制御することは難し

いとの考えから，いったん，ここでは検討から除外する。

その上で，ズーキンとディマジオが分類した「構造的埋め込み」については，グラノベッター以降の「新しい経済社会学」[15] の領域で「関係的埋め込み」と「構造的埋め込み」の2つに分類して議論されている。それらは，①関係の強さである紐帯の強度と，②ネットワークの構造的特性からもたらされる，情報や資源を流通させる形態的特性，の2つを通じて，特定のネットワークが経済的行為におけるビジネス・チャンスや動員できる経営資源の多寡に影響する，と説明される[16]。そして，この2つの埋め込みによって得られる社会関係資本の違いから，関係的埋め込みは創造志向のタスクに，構造的埋め込みは戦略実行志向のタスクに，それぞれポジティブな影響を与えることが確認されている[17]。

すなわち，創造志向であることを戦略的課題として設定した場合には，関係的埋め込みを深化させることが有効な戦術となる。その場合には，より広いネットワークを活用して，効果的な紐帯を結ぶこと，すなわち，これまでにアクセスしたことがない情報源へのアクセスを増やすこと等が有効な手段となると言えよう。

一方で，戦略の確実な遂行や展開を課題として設定する場合には，構造的埋め込みの強化が必要となろう。具体的には，ネットワークにおける情報流通の構造形態とそこでの行為者の位置取りによる影響に着目し，直接に結合する，あるいは，紐帯の強度を強めること等が有効な方法になると考えられる。構造的埋め込みが深まることで強い凝集性が生まれやすくなり，同じような価値や行動様式への同質化圧力が高まる[18] ために，組織間で特定化されない義務関係が発展しやすくなる[19] とも言われている。

2. 多国籍企業の本社
―子会社関係と2つのネットワークへの埋め込み

これまで考察してきた埋め込みとその効用としての社会関係資本の概念に基づいて，多国籍企業の本社―子会社関係について議論を進めていこう。

多国籍企業とは，事業を本社所在国（ホーム国）とそれ以外の国や地域（ホスト国）に展開する企業のことをいう。その多国籍企業が，ホスト国で経営に参画する在外現地法人（以下「在外現法」という）が，企業のネットワークにおいて特

殊な位置にあることをまず確認しておく。

　在外現法が一般的な法人企業体と際立って異なる点として，「ビジネス展開するホスト国市場」と「所属する多国籍企業」という2つのネットワークに埋め込まれていることが挙げられる。このように，最低でも2つのネットワークからの影響を受けていることをボラ（D. Vora）とコストバ（T. Kostova）は「組織アイデンティティの二重化（Dual Organizational Identification; DOI）」と名付けた。そして，2つのネットワークに埋め込まれることで生じる，2つのアイデンティティの間で，重要性を相対的にバランスさせることが在外現法の直面する困難さの1つである，と指摘している[20]。ここではDOIを前提に，在外現法と2つのネットワークとの関係を中心に，埋め込みと社会関係資本の概念に照らして議論していく。在外現法が埋め込まれている2つのネットワークは，ホスト国市場のネットワークへの埋め込みを「外部埋め込み」，多国籍企業内部ネットワークへの埋め込みを「内部埋め込み」と呼んで区別される。

（1）外部埋め込み

　まず，外部埋め込み（External Embeddedness）から考察していく。在外現法は，ホスト国のネットワークへの埋め込みを通じて多国籍企業の全体に貢献するとともに，「進化」により存在意義を確立することが先行研究で明らかとなっている。外部埋め込みは，在外現法の業績を規定する一因となる[21]と言われている。この点は，「文化的埋め込み」と「政治的埋め込み」の観点から重要であることが容易に類推されよう。この2つの埋め込みがなければアクセスできない社会関係資本があるからである。例えば，社会関係資本を代表する「信頼」をホスト国市場で獲得するには，この2つの埋め込みが必要となる。

　具体例を挙げると，海外多国籍企業の日本現地法人（以下，「日本現法」という）は，当然のことながら，日本でのビジネス特性を理解する必要がある。清水によると日本のビジネス特性とは，①「信頼取引」，②「カシ・カリの論理」，③「根回し」の3点にあるという。「信頼取引」とは信用取引ではなく「多角的，長期的に取引して儲かればいい」という発想の取引を指し，「談合」や「系列」などはその延長にあるという。また，「カシ・カリの論理」は，「いつも世話になっている」という恩義の心理と，その恩義への「お返し」が必要だとする心理の交換で成立するもので，上記の「信頼取引」を基礎に，相対的な力関係を長期的な取

引関係において変化させながら継続させることをいう。「根回し」は非公式な意思決定の調整機能であり，相談の順序などが公式には定義も明文化もされていないものの，重要性を持つことをいう[22]。

このような特性を有する企業群を顧客としてビジネス展開する海外多国籍企業の日本現法にとって，社会関係資本へのアクセスにはそれ相応の期間が必要となることが推定できる。その期間においては，ビジネス上のアウトプットを産み出すことが難しく，短期的には成果が出づらい，と考えられる。この期間のビジネスは投資過剰となるが，「社会関係資本」へのアクセスに向けた投資と判断し，堪える必要がある。

また近年，外部埋め込みにおける「関係的埋め込み」に注目が集まっている。例えばインテル・コーポレーションのケン・アンダーソン（K. Anderson）は，多様化するマーケットへのアプローチ戦略として，組織を構成する従業員の民族的多様性を確保することの重要性を説く[23]。アンダーソンのいう"Ethnographic Research（人類学的な調査）"は，ホーム国からの間接的なアプローチは効果が薄く，多様なマーケットを効果的に理解するためには外部埋め込み（External Embeddedness）の存在が"A Key to Strategy"となる，という。類似の言説に，「イノベーションは辺境で生まれる」としてゴビンダラジャン（V. Govindarajan）らが提唱する，新興国で製品を開発して先進国市場に展開する「リバース・イノベーション戦略」[24]も，「関係的埋め込み」を活用することによるイノベーションの創発手法と解釈が可能であろう。この点は，R&D拠点としての在外現法の機能は，既存の知識や資源をベースに「展開する拠点」と，新たな知識や資源を「獲得する拠点」に分類できるが，前者はホスト国の市場規模，後者はホスト国の科学水準の高さ，によってそれぞれ規定される[25]という指摘からも補足される。このように在外現法が埋め込まれているビジネスネットワークの種類や性質により，多国籍企業としての競争優位の源泉が異なってくることもある[26]と確認されている。

 (2) 内部埋め込み

他方，内部埋め込み（Internal Embeddedness）は次のように概観される。まず，在外現法は，多国籍企業の内部ネットワークに埋め込まれることで，多国籍企業がグローバルに蓄積・展開する「情報」にアクセスすることが可能となり，

それがホスト国市場での競争力の源泉となる。また，多国籍企業を後ろ盾とすることでホスト国市場に「影響力」を発揮できるとともに，ホスト国市場において一定の「信用証明」を得ることも可能である。さらには，多国籍企業を構成する一員として，ホスト国市場で特別な権利を得ることで「補強」されることもある。これらの社会関係資本を得ることで，在外現法はホスト国市場において効果的なビジネスを展開することが可能となる。

しかし，社会関係資本の獲得とのトレードオフとして，在外現法は，多国籍企業を構成するすべての機構を含む「差別化されたネットワーク（differentiated network）」に，顧客やサプライヤー等とともに埋め込まれることで，在外現法単位での戦略策定において制約を受ける[27]といわれている。具体的な制約としては，多国籍企業内部の経営資源を他のユニット（在外現法等）と共有せざるをえないこと[28]や，戦略展開するビジネス領域[29]が制限されること等が挙げられる。これらの制約は，多国籍企業内部の「政治的埋め込み」といえるものであり，同時に，「認知的埋め込み」にもつながる。

原理的に独立した法人体である在外現法が自律的に戦略的組織行動を選択することに制限はないはずである。例えば，ゼロックス・コーポレーションの日本現法だった富士ゼロックス株式会社は，アジア地域へビジネス領域を地理的拡大するとともに，プリンターの小型化に「独自に」取り組む等，自律的に戦略的ビジネス展開を行うことで，ほぼ独立した企業のように「進化」している[30]。しかし，在外現法が富士ゼロックス株式会社のように狭義の自社組織アイデンティティを独立的に「認知」することは稀であり，多くは多国籍企業の一部分として自らを「認知」する。その場合，「進化」は抑制されやすくなり，ホスト国市場での戦略展開に制約が生じてしまう。それ故，こうした「認知」は在外現法にとってリスクにもなりうる。

これまでの在外現法の必要性は，多国籍企業の内部ネットワークとホスト国内市場の外部ネットワークとの間に存在する「構造的間隙（Structural Holes）」に位置取りすることで「ネットワーク中心性（centrality）」を獲得し，それに伴うパワーを得る「構造的埋め込み」によって説明できた[31]。しかし，金融の規制緩和に伴うグローバルM&Aの増加やインターネットによる情報流通のコスト低減等により，ビジネス展開の代替手法が現実的になったことで，既存の在外現法の存在意義は相対的に低下しつつある。例えば，日本ロシュ株式会社は自社の意図に関わらず，本社であるFritz Hoffmann-La RocheがTOBにより日本企業

である中外製薬株式会社への出資を伴う提携を決断したため，2002年10月に中外製薬に吸収合併され，日本国内で製造承認を取得した最初の外資系医薬品企業としての78年の歴史を閉じている。

このような経営環境にある在外現法にとっては，これまで以上に内部埋め込みを戦略的な経営資源として制御することが重要になっている。ガルシア-ポント（C. Garcia-Pont）らはこの点に注目し，①業務的（Operational），②能力的（Capability），③戦略的（Strategic）の3階層から分析を行い，在外現法が戦略的な制限を修正するためのポイントとして以下の3点を示した。

① 業務的な繋がりの深さ
② 多国籍企業内部での競争力ある組織能力の開発
③ 多国籍企業全体の戦略策定プロセスへの関与

この3点を在外現法が主体的に制御することで，多国籍企業内部ネットワークへの依存状態を制御したり，多国籍企業全体にとって重要な資源配分に影響力を及ぼしたりすることで戦略的な制限が修正される，と彼らは主張している[32]。

(3) 2つの埋め込みの相互作用

これまで述べたように，2つの埋め込み（Embeddedness）は相互に影響を与えている。例えば，多国籍企業での製品やプロセスの開発において，特定のカスタマーやサプライヤーとのビジネスネットワークを在外現法が主体的に活用できることが，多国籍企業内における在外現法の役割定義からみると，在外現法に有利な影響を及ぼす[33]。このように，在外現法の外部埋め込み（External Embeddedness）がもつ社会関係資本の大きさが，内部埋め込みでの"source of power（力の源）"[34]となるため，外部埋め込みは在外現法の戦略的重要性を図る指標[35]であると同時に，在外現法が固有の価値を創造するための根拠にもなる[36]。

他方，在外現法の外部埋め込みが高くなりすぎると，本社からの制御が効かないほどに在外現法の能力が高まり，ひいては，在外現法が多国籍企業全体への関心を失うことになりかねない。このことが本社と在外現法の間でのバーゲニング・プロセスに影響しうる。特に，本社内部にホスト国のネットワークに関する知識が存在する場合には，在外現法の外部埋め込みを抑制する傾向が強い。また，在外現法の外部埋め込みが長期間になるほど，在外現法の経営層の興味関心はホスト国市場寄りになり，内部埋め込みは浅くなる[37]とも言われている。

2つのEmbeddednessの影響は，本社子会社関係のバーゲニング・プロセスや在外現法の自律性に影響するだけに止まらない。外部埋め込みの議論においては，ホスト国籍の人材（Host Country National; HCN）を在外現法に雇用することで社会関係資本へのアクセスが可能になるとの主張や，リバース・イノベーショ

図表6-1　在外現法が埋め込まれる2つのネットワーク

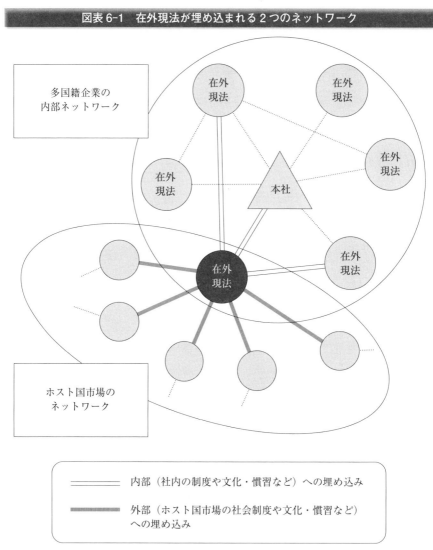

出所：Andersson, et al. [2002] pp. 981 をもとに筆者作成。

ン等においても HCN の活用が推奨される場合があるが，実態はそれほど単純ではない。確かに，本社国籍の人材と比較すれば相対的にホスト国に埋め込まれていることは間違いないが，在外現法に勤務する HCN と呼ばれる人材は，一般的なホスト国人材とは性質が異なるケースが多いからである。そのために HCN という表現は誤解を生むので海外系現地人材（Foreign locals）と呼ぶべき [38] という見解もある。日本国内でも海外企業の日本現法出身者は独特の価値観を有すると評される傾向にある。近年，そうした海外企業の日本現法社長経験者が，変化とグローバル化を標榜する日本企業の経営者にヘッドハントされるケースが見られる [39]。在外現法からこのような人材が輩出される背景には，2 つの埋め込みの影響から醸成された，ホーム国でもホスト国でもない在外現法独自の企業文化への「文化的埋め込み」があるものと考えられよう。しかし同時に，HCN を在外現法に雇用するだけでは外部埋め込みは自動的に深化しないことも確認されている。

　ここまで議論してきた通り，在外現法の経営においては DOI を形作る 2 つのネットワークが影響しており，そのバランスが重要となっている。そして，その効果は在外現法単体に止まらず，多国籍企業全体の課題となってくる。「トランスナショナル化」あるいは「メタナショナル化」とも呼ばれるグローバル規模での経営資源の全体最適化に向かう多国籍企業においては，経営資源としての社会関係資本を的確に選択して意思決定する「埋め込みのマネジメント」が重要になるだろう。

　例えば，リバース・イノベーション戦略の議論においても，既存の企業内ネットワークのコンテクストから切り離して，ローカル・グロース・チーム（Local Growth Team; LGT）を新興国に新設することが提案される。しかし，LGT の成果を企業内部で展開する際には既存ネットワークへの埋め込みが求められる。ゴビンダラジャンらは本社マネジメントの関与を強調している [40] が，同時に LGT からの内部埋め込みに対する「埋め込みのマネジメント」を考慮した，双方向でのコミュニケーションも必要とされよう。

　同様に，従来，日本市場の国際的な存在感の高さに依拠して，外部埋め込みを梃子にして経営を行ってきた海外企業の日本現法（一般的に「外資系企業」と言われる各社）においては，多国籍企業全体への内部埋め込みを意図的に制御していくことが求められよう。

［注］

1) Polanyi［1944］.（邦訳［1975］）。
2) Granovetter［1985］.（邦訳［1998］）。
3) Granovetter［1992］p. 32.
4) Zukin and DiMaggio［1991］.
5) DiMaggio［1990］pp. 113-136.
6) Beckert［2003］p. 769.
7) Uzzi［1996］pp. 674-698.
8) Lin［2001］.（邦訳［2008］32頁。）
9) 社会関係資本への否定的な評価については，筒井［2007］123-125頁での検討を参照のこと。
10) Helfat, et al.［2007］.（邦訳［2010］6頁）。
11) Teece［2009］.（邦訳［2013］88頁）。
12) Helfat, et al.［2007］邦訳［2010］195-196頁。
13) Dacin, et al.［1999］pp. 337-338.
14) 経済的行為における認知的な偏りについては，行動経済学者のDan Arielyによる著作や，Webで公開されているTedでの講演などが参考になる。
15) 経済社会学会第42回大会（2006年）報告要旨，渡辺深「新しい経済社会学」での用語を採用している。
16) Granovetter［1985］.（邦訳［1998］）やUzzi［1996］を参照のこと。
17) Moran［2005］p. 1130.
18) Friedkin［1998］pp. 69-72.
19) 若林直樹「社会ネットワークと企業の信頼性」第75回日本社会学会大会一般研究報告（2002年）8頁。
20) Vora and Kostova［2007］pp. 327-350.
21) Rowley, et al.［2000］pp. 369-386.
22) 清水［1994］。
23) Anderson［2009］p. 87.
24) Govindarajan and Trimble［2012］.（邦訳［2012］。）
25) Kuemmerle［1999］pp. 1-24.
26) Forsgren, et al.［2005］.
27) Nohria and Ghoshal［1997］.
28) Birkinshaw and Morrison［1995］pp. 729-754.
29) Birkinshaw and Hood［1998］.
30) 吉原［1992］。
31) 浅川［2003］。
32) Garcia-Pont, et al.［2009］pp. 182-214.
33) Andersson, et al.［2005］pp. 521-538.
34) Andersson, et al.［2002］.
35) Andersson, et al.［2002］.
36) Andersson, et al.［2005］.
37) Andersson, et al.［2007］p. 802-818.
38) Caprar［2011］pp. 608-628.
39) 株式会社LIXILの藤森義明氏（2011年：GE），株式会社資生堂の魚谷雅彦氏（2014年：Coca-Cola），株式会社ベネッセホールディングスの原田泳幸氏（2014年：McDonald's），楽天株式会社モバイル事業の平井康文氏（2015年：CISCO）など。

(40) Govindarajan and Trimble [2012]. (邦訳 [2012] 92-120 頁。)

[参考文献]

Anderson, K [2009] "Ethnographic Research: A Key to Strategy," *Harvard Business Review*, 87 (3).

Andersson, U., I. Björkman and M. Forsgren [2005] "Managing subsidiary knowledge creation: the effect of control mechanisms on subsidiary local embeddedness", *International Business Review*, 14.

Andersson, U., M. Forsgren and U. Holm [2007] "Balancing subsidiary influence in the federative MNC: a business network view", *Journal of International Business Studies*, 38.

Andersson, U., M. Forsgren and U. Holm [2002]. 'The strategic impact of external networks: subsidiary performance and competence development in the multinational corporation'. *Strategic Management Journal*, 23, pp. 979-996.

浅川和宏 [2003]『グローバル経営入門』日本経済新聞出版社.

Beckert, J. [2003] "Economic Sociology and Embeddedness: How Shall We Conceptualize Economic Action?" *Journal of Economic Issues* Vol. 37, No. 3.

Birkinshaw, J. and A. Morrison [1995] "Configurations of strategy and structure in subsidiaries of multinational corporations", *Journal of International Business Studies*, 26.

Birkinshaw, J. and N. Hood [1998] "Multinational subsidiary evolution: capability and charter change in foreign-owned subsidiary companies", *Academy of Management Review*, 23, pp. 773-795.

Caprar, D. V. [2011] "Foreign locals: a cautionary tale on the culture of MNC local employees," *Journal of International Business Studies*, 42(5).

Dacin M. T, M., J. Ventresca and B. D. Beal [1999] "The Embeddedness of Organizations: Dialogue& Directions," *Journal of Management*, 25(3).

DiMaggio, Paul [1990] "Cultural Aspects of Economic Action and Organization," in *Beyond the Marketplace: Rethinking Economy and Society*, edited by Roger Friedland and A. F. Robertson. New York: Aldine de Gruyter.

Forsgren, M., U. Holm and J. Johanson [2005] *Managing the Embedded Multinational*, Northampton, MA: Edward Elgar.

Friedkin, Noah E. [1998] *A Structural Theory of Social Influence*, Cambridge, England: Cambridge University Press.

Garcia-Pont, C., J. I. Canales and F. Noboa [2009] "Subsidiary Strategy: The Embeddedness Component," *Journal of Management Studies*, 46: 2.

Govindarajan, V., and C. Trimble [2012] *Reverse innovation: Create far from home, win everywhere*. Boston, MA: Harvard Business Review Press. (渡部典子訳『リバース・イノベーション』, ダイヤモンド社, 2012 年。)

Granovetter, M. [1985] "Economic Action and Social Structure: The Problem of Embeddedness," *American Journal of Sociology*, 91, pp. 481-510. (渡辺深訳 [1998]「経済行為と社会構造」『転職：ネットワークとキャリアの分析』ミネルヴァ書房。)

Granovetter, M. [1992] "Problems of Explanation in Economic Sociology," in Nitin Nohria and Robert G. Eccles (eds.), *Networks and Organizations: Structure, Form, and Action*, Cabridge, MA: Harvard Business School Press.

Helfat, C., S. Finkelstein, W. Mitchel, M. Peteraf, H. Singh, D. Teece and S. Winter [2007], *Dynamic Capabilities* Blackwell Publishers Limited. (谷口和弘・蜂巣旭・川西章弘訳

[2010]『ダイナミック・ケイパビリティ』勁草書房。)

Kuemmerle, W. [1999] "The drivers of foreign direct investment into research and development: An empirical investigation," *Journal of International Business Studies*, 30 (1).

Lin, N. [2001] *Social Capital: A Theory of Social Structure and Action*, Cambridge University Press.（筒井淳也・石田光規・桜井政成・三輪哲・土岐智賀子訳 [2008]『ソーシャル・キャピタル 社会構造と行為の理論』ミネルヴァ書房。)

Moran, P. [2005] "Structural vs. relational embeddedness: social capital and managerial performance," *Strategic Management Journal*, Vol 26, No 12.

Nohria, N. and S. Ghoshal [1997] *The Differentiated Network: Organizing Multinational Corporations for Value Creation*, San Francisco, CA: Jossey-Bass.

Polanyi, K. [1944] *The great transformation*, Rinehart.（吉沢英成・野口建彦・長尾史郎・杉村芳美訳 [1975]『大転換―市場社会の形成と崩壊』東洋経済新報社。)

Rowley, T., D. Behrens and D. Krackhardt [2000] "Redundant governance structures: an analysis of structural and relational embeddedness in the steel and semiconductor industries," *Strategic Management Journal*, 21.

清水龍瑩 [1994]『ソファで読む経営哲学』慶應通信。

Teece, D. J. [2009], *Dynamic Capabilities & Strategic Management: Organizing for Innovation and Growth*, New York: Oxford University Press.（谷口和弘・蜂巣旭・川西章弘, ステラ・S・チェン訳 [2013]『ダイナミック・ケイパビリティ戦略』ダイヤモンド社。)

筒井淳也 [2007]「ソーシャルキャピタル理論の理論的位置づけ」『立命館産業社会論集』42 (4)。

Uzzi, B. [1996] "The sources and consequences of embeddedness for the economic performance of organizations: the network effect," *American Sociological Review*, 61.

Vora. D and T. Kostova [2007] "A model of dual organizational identification in the context of the multinational enterprise," *Journal of Organizational Behavior*, 28.

吉原英樹 [1992]『富士ゼロックスの奇跡』東洋経済新報社.

Zukin, S. and P. DiMaggio [1990] "Introduction," in S. Zukin and P. DiMaggio., eds., *Structures of capital. The social organization of the economy*, Cambridge University Press, pp. 1-36.

（三輪　祥宏）

第Ⅱ部

事 例 編

第7章

電通ネットワーク・アジア・カレッジ(DNA-カレッジ)という挑戦

1. カレッジ立ち上げ前夜

　本章は他の章とは異なり，電通アジアが挑戦したプロジェクトの発展過程を一人の駐在員の眼を通したライブケースとしてご紹介することで，読者により臨場感をもって理解してもらうことを意図している。ライブケースであるため，筆者の一人称での語り口になっている。

　まず，簡単に筆者のプロファイルをご紹介したい。筆者は1984（昭和59年）に電通に入社。2年間のコピーライター経験を経て，1986年からトヨタ自動車担当営業に異動。15年にわたる国内営業担当の後，2000年にマーケティング・プロモーション局に移り，引き続きトヨタ自動車を担当。ここで初めて，アジア圏を始めとする海外業務に携わることになった。トヨタ自動車は，この時期，シンガポールとタイに統括会社を設立。IMV（International/Innovative Multipurpose Vehicle）という新興国向け車種群を開発するとともに，生産，販売までアジア域内で完結させるプロジェクトに着手していた。日本企業にとってのマーケティング，コミュニケーションがアジア域内で完結する「面」のオペレーションとなる段階に入ったのである。この進展に呼応して，我が社も電通シンガポール内に『Dentsu Team Asia Toyota（D-TAT）』というリージョナルチームを2004年に結成し，筆者もその立ち上げメンバーに加わることとなった。

　当時のアジアは，『新中間層』と言われる生活者の拡大とともに，FTA（Free Trade Agreement；自由貿易協定）などを背景に世界中から商品が集まってきつつあった。それによって，競争環境が激しさを増すと同時に，エンドユーザーの選択眼も厳しさを増しつつあり，クライアントの側も，それまでの国内組 vs. 海外組の垣根が崩れ始め，国内のマーケティング人材も海外へとシフト。我が社にも「国内と同レベルのサービスを海外でも求められる」状況が発生する，という

予感が日増しに大きくなっていった。

　一方，我が社サイドの状況は……まるで「竹槍で戦っている」ようなものであった。国内では，メディアとの長く深い関係性に基づく収益構造の中で，クリエイティブやマーケティングはサービスとして提供されてきた。だが一歩，海外に出るとその前提が崩れる。メディアとの関係性は弱く，結果，国内企業のクライアントとの「信頼関係」のみをベースとしなければならなかった。国内市場が成長基調にあった時代は，国内の余剰利益で海外事業をサポートすることが出来たが，2000年代に入り国内広告市場が長期安定軌道に入る一方，アジア市場が成長しつつある中，市場環境，クライアントのニーズと我が社との間にギャップが広がりつつあった。こうした環境のもと，「人の育成とは何か？」という問題意識が筆者の中で広がりつつあった。日本では，そのような思いをもつことはなかった。汐留本社では6,000人以上の，国籍も人種も，生まれも育ちも似通った社員が働いている。そこでは「先輩の背中を見て育つ」風土が身についている。他方，アジアではおしなべて広告界の転職率が30％，一年間で社員の3分の1が入れ替わる。そのような環境だからこそ，我々のビジネスの最も大きな財産は「人」なのではないか，という思いが大きくなっていった。

　筆者は，約1年の長期出張期間を経て，2005年に電通シンガポールに正式着任すると同時に，同じくシンガポールにオフィスを構えるアジア統括会社・電通アジアの業務もサポートすることになった。本プロジェクトのきっかけは，着任して間もなくの電通アジア・石橋CEOからの問いかけだった。それは「国内の潤沢なマーケティング・メソッドが，なぜアジアでは活用されていないんだろう。なぜ，マーケティングやプランニングが競争力となっていないんだろう。」というもの。その問いに対し，着任したての筆者が答えることができるはずもなく，逆に以下の2つのことを提案した。①アジアネットワーク拠点（アセアン6＋台湾，インド）にアンケートをかけて実態を把握することと，②アジア各国の，主要なナショナルスタッフ（national staff；各国の現地採用スタッフ）からのナマ声を聞くことである。

　まず，①のアンケートからわかった実態は，本社のメソッドやツールは，ほとんど知られていない，あるいはたまたま知っていても難解，複雑で活用されていない。また，統一された教育システムもない，というものだった。このような状況が，なぜ生まれたのか。本社のマーケティングのスペシャリストが出張ベース，プロジェクトベースで国内のノウハウを伝えようと試みた事例は，それまで

いくつもあったはずだ。しかし，それらはすべてが“本社目線”。つまり，現地で役立つことより，本社で評価されることが基準となる。成果の見えやすいタイなどの大きめの国や拠点に集中し，結果，大きな拠点にノウハウが多く溜まり，小さな国や拠点には伝わらない，という不平等を拡大させる歴史を歩んで来た。また，日本市場向けの過度に洗練・高度化・複雑化され，しかもコスト高のメソッドが，現地で本当に活用されていたかと言えば“No”である。日本人社長には評価されても，我が社とクライアント双方のナショナルスタッフの実務に活かされたとは言い難い。これは，「ガラパゴス現象」と言われる，日本企業が現在も抱える問題とも共通するが，モノ（製品）という目に見える形で測ることが出来る製造業以上に，非定型で目に見えない知恵やノウハウを商品とする我々のような業態にとって，その解決はより困難であるように思えた。

　だが，アンケートという診断書から発見された“病巣”は，さらに根の深いものだった。フリーアンサーの項目に多くのナショナルスタッフが記入したのは，「電通ウェイとは，いったい何か？」という根本的な問いかけだった。アジアの拠点に，なぜ電通ならではの競争力が生まれないのか。根本的な原因（真因）は「仕組みとしての電通ウェイの不在」というのが，筆者の結論となった。

　アンケートとともに筆者が提案した，アジア各国のナショナルスタッフの「ナマ声」を聴くことについては，各国から推薦をもらい，実に個性あふれるメンバーが「コミッティー（委員会）」として集まってくれることとなった。

　香港出身，アメリカ留学経験があり本社マーケティング部門経験もある，タイランド・オフィスの Joey Chaw，天才的な頭脳で問題の本質を捉え，本社の複雑なメソッドをアジア仕様に換骨奪胎して見せたインドネシアの EdhyBawano，営業的な視点で意見の偏りを冷静に修正してくれたシンガポールの David Fong，チームのムードメーカーとなってくれたマレーシアの Adeline Chong ……彼らが現場実務のかたわら，強い問題意識で，それこそ“手弁当”でこのプロセスに関わってくれなかったらカレッジは立ちあがらなかった，と感謝してもしきれない。そのコミッティーとの議論で最も紛糾したのが，本社がいうところの「キャンペーン」とは何か，だった。当時，我が社はその競争力を「価値創造（Value Creation）」と規定していた。マスメディアを通じた広告の枠を越える統合的なキャンペーンの構想力と実施力にこそ，我が社の競争力があり，独自の価値を世の中に対して創造する。それが電通ならでは，のキャンペーンのあり方だった。しかし，いくら言葉だけで説明してもコミッティーメンバーに理解しても

らうことは難しかった。ひとたび日本から出た時，我が社ならではの競争力とは何か。それを，どのように海外拠点のスタッフに伝えるべきか。"価値創造"というたった1つの言葉の解釈1つを巡ってさえ，根本的な課題に突き当たることとなり，同時にカレッジのプログラム策定のヒントにも繋がった。コミッティーとの約1年間にわたるやりとりを通じて，少しずつ筆者の中で"電通アジアネットワークならでは"の企業内大学の姿が形作られていった。

「Dentsu Network Asia-College（DNA-College）構想」は，2005年10月の本社へのプレ起案を経て，翌2006年1月に本社トップに正式起案した。その骨子は，以下の通りである。

①　アンケートとコミッティーとの議論から，アジアネットワークにおける本質的な課題は「精神論ではない［仕組み］としての電通ウェイの不在」であり，アジアのリージョナル化（点ではなく，面としてのビジネスの発生・増加）という状況下，現場第一線のナショナルスタッフの人材底上げを通じた「アジアによる，アジアのための仕組みづくり」が緊急の課題となっている。

②　ソリューションはネットワーク力を活かした「アジア・ハブでの企業内大学」という仕組みの構築。

③　ネットワーク力を活かすとは「本社のやり方・方針を一方的に伝えるのではなく，各国の現場が異文化，価値観を互いに尊重し，切磋琢磨しながら一緒に創り上げて行く」こと。

④　カレッジを通じてめざすもの（Vision）は「働く人にとっての"Global Best Company"=Dentsu」（先駆者としてのアジア・ネットワーク）と定める。

　統括会社・電通アジアが設立されたのは，2001年だが，アジアネットワークそのものの歴史は古い。アジア拠点第一号は，1974年に設立された電通タイランドである。80年代に入り，我が社は，当時世界一を争ったYoung & Rubicam社との合弁による海外ネットワーク展開を図るが，一方，85年のプラザ合意とそれに続く円高進行に伴う日系企業の海外移転と広告予算の現地化の流れが発生した。

　我が社も独自拠点の整備に転換し，90年代に入りアジア各国でも電通ブランドの拠点を設立する。2000年代に入ってさらにアジアが成長するのに伴い，日系企業の進出も加速。日本国内と異なり，海外では一業種1社制となっているた

め，いわゆる第二系列の設立が行われることとなった。アジア（インド含む）20
数社のうち，半分の拠点が2000年代に入って設立され，社員数も急増。高い転
職率の一方で，拠点長をはじめ，10年，20年も電通で勤め上げてきたナショナ
ル・スタッフも少なくない。カレッジ起案に際して筆者が考えたことは，このよ
うに歴史が長く腰の強い『人のネットワーク力』こそが電通の強みであり，ノウ
ハウを効果的に浸透させることによって，本来持っている強みを飛躍的に向上さ
せることができるのではないか，ということだった。

　ネーミングは，いくつかの候補の中から『Dentsu Network Asia-College』を
選択した。電通の強みであるネットワーク力を活性化し，かつ電通ウェイ
（DNA）を伝えることをわかりやすくメッセージする，という気持ちを込めての
ものだった。

2. カレッジ立ち上げ

　ここで，カレッジの4つの仕組みをご紹介したい。
　①　ノウハウを効率的に伝える「Trainers' Training System」
　06年当時，アジア全域の社員はすでに1,350名ほどに達していた。彼らに，ど
のように効率的に，スピーディにノウハウを伝えるかが大きなチャレンジとなっ
た。受講生は各拠点で一定期間電通に勤め，かつ社員からの信頼があり，ノウハ
ウを伝えるスキルを有する社員を指名してもらった。彼らが，シンガポールで
「生徒」として研修（ハブ・トレーニング）を受け，その後，自国の会社に戻る
と，今度は先生として社員への研修を主催するという仕組みだ。これによって，
各国の拠点では母国語でニュアンスまで伝えることができる，というアドバンテ
ージも生まれた。ハブ・トレーニングとして選んだ場所は，シンガポールであ
る。電通アジアのおひざ元ということ以上に，アジアのどこからでもアクセスし
やすい最適な場所に位置し，最もインフラが整い，しかも日本以上に安全という
アドバンテージがあった。

　②　現地スタッフ目線に立った「Facilitation System」
　カレッジでは，Committee memberにファシリテーターとなってもらうこと
とした。それまでのトレーニングでは，東京本社の社員が講師となるのが常だっ

た。しかし，ナショナルスタッフの観点からすれば，すでにその段階で「バリア」ができてしまう。日系の代理店に勤める彼らにとって，日本は「ご本社（HQ）」であり，自分のオフィスにも，日本人上司がいる。本社スペシャリストからの講義を受けるという段階で「ありがたくお話を承る」モードに自然となってしまう。日本人の側も，なぜかアジア人に対しては「上から目線」になってしまう悪い癖がある。そのことが，アジア現地スタッフから本当に自分の仕事に役立つのか，役立たせるには，どのようにすれば良いのか，という主体的なマインドを，そもそも奪ってしまっているのではないか，という疑問を筆者は抱いてきた。

　だが，このカレッジは，一方的な講義の場ではなく，本質的には「ナショナルスタッフ同士が切磋琢磨しながら，ともに競争力を創り上げて行く場」でなければならない。こうした思いから採用したのが，ナショナルスタッフ（コミッティー）がナショナルスタッフ（受講者）に対し"レクチャー（一方的な講義）"をするのではなく"ファシリテート（双方向で手助け）する"システムだった。

③　モチベーションを上げる「Certificate（認定）System」
　カレッジは，年3回（初年度が4回）のコースを，一人で受講しなければならず，無事，完走（修了）した時点で卒業証書と，ロゴをあしらったバッジを授与することとし，授与者はカレッジの「校長先生」である本社役員にお願いをした。これは，参加者にモチベーションを与えると同時に，もう1つの効果も狙った。カレッジは，シンガポールでのハブ・トレーニングだけでは「ナショナルスタッフ全員にノウハウを伝える」という目的の数十％しか達成したことにならない。ローカル・トレーニングがきちんと実施されるためには各拠点の社長（拠点長）の理解と推進が何よりも必要だ。そのために，本社トップが正式に認定し推奨している，というメッセージが必要となる。卒業証書のデザインやフレームも，意図して，やや大げさなものにした。最終回では，必ずその期の「校長（本社役員）」に出席してもらい，セッション後，一人一人に卒業証書とバッジを渡し，学長とのツーショットを撮影するとともに，全員での集合写真撮影がお決まりの風景となった。

④　カレッジの［エンジン］＝「Committee System」
　では，DNAカレッジの4つのシステムの中で必要不可欠なものは何か，と言

えば，間違いなくこのコミッティー制度ということになる。2年度目からのコミッティーは，前期の受講生同士で投票してもらい選抜することで，主体性と公平性を担保した。また，オリジナルメンバーを含めたこれまでのコミッティーは"Executive committee"として引き続きサポートしてもらうこととした。

　カレッジのプログラムは，大きく①Value Creation Challenge②Voice of Japanの2つのパートで構成した。Value Creation Challengeは本社のマーケティング・ツールやメソッドの紹介，Voice of Japanは本社のキャンペーン事例の紹介である。特にVoice of Japanは，コミッティーとの議論で最も紛糾した「価値創造（Value Creation）とは何か？」という問題意識を受けて設けることとした。カレッジ受講者に本質的に理解してもらうためには，できるだけ多くの事例を見てもらう必要があると考えたからだ。

　また，カレッジの趣旨から，ケースやメソッドの成功例に終始していた従来のプログラムとは一味違ったものにする必要があった。筆者は，この「Voice of Japan」を，"人を通じたDentsuウェイ伝達の場"にしたいと願った。実際の仕事の現場は，決して綺麗なものではない。日々の企画や実務は世間で想像されるよりも遥かに泥臭く，トラブルの連続だ。だが，思いもよらないトラブルを解決した時にこそ，クライアントに感謝されもする。広告の現場は，そのように人間味に溢れた場所だというのが，筆者の実感だ。こうした思いから，講演者は営業の現場で働く社員にお願いすることにした。彼ら（彼女ら）の口から，成功談だけでなく，その裏にある苦労話や失敗談も語ってもらうことにした。人選にもこだわった。それは「電通人らしいチャーミングな人」であること。電通で長く働くと，こんなにチャーミングな人間になるんですよ，ということもアジア各国の電通人達に伝えたかったからだ。

記念すべき第1回セッションは，以下のテーマとプログラムで2006年4月27日・28日の2日間に渡って開催された。
テーマ：What is Dentsu-Way？
プログラム概要：Voice of Japan-味の素ほか
　　　　　　　　Value Creation Challenge:
　　　　　　　　　Introduction to〈Value Creation Navigator〉

　プログラムの最大の難関は「Value Creation navigator」というBriefingシー

トづくりだった。広告代理店の仕事は，この Briefing からスタートする。クライアントからのオリエンテーションを受け，営業あるいはストラテジー（マーケティング担当者）は速やかに，それを広告のプロとしてのロジックで組み立て，ターゲットを定め，そのターゲットに有効に到達するコミュニケーション戦略を策定し，クリエイティブ，プロモーション，メディアなどのスタッフに伝達する。競合プレゼンテーションの場合，この初動の Briefing の良し悪しが勝負を決める。

驚いたことにカレッジが立ちあがった06年時点で，社としてオーソライズされた共通の Briefing フォーマットは，アジアには存在していなかった。各国各社で勝手に作成したものを使用しているか，ひどい事例になると以前に在籍していた競合代理店のフォーマットをそのまま使用している，という拠点もあった。それは，電通としての基本的なコミュニケーションの考え方がない，のも同然だった。

だが，それ以上の挑戦課題は，電通ならではの「価値創造」の考えを込めなければならないことだった。本社のスタッフが肌感覚で理解していることを「形式知」化し，電通ならではのキャンペーン（価値創造）をまだ見たこともない受講生に理解してもらい，さらに実践してもらわなければならない。

セッション当日，いよいよ Value Creation Navigator お披露目の時がやってきた。はたして悪い予想は的中した。まず『？？（訳がわからない）』という反応。それから延々と議論が始まった。コミッティーの面々も何とか場を収めようとするが，焼け石に水だ。さて，どうしよう……筆者は窮余の一策に出た。「皆さん，電通の "Dentsu's 10 Principles（鬼十則）" を知っていますか？」。鬼十則とは，我が社の中興の祖ともいえる第四代・吉田秀雄社長が残した遺訓のことだ。「これは，我々，電通本社社員に代々受け継がれて来た行動規範のようなものです。その第十条を読みます。」と前置きし，読み上げた。

10.「摩擦を怖れるな」，摩擦は進歩の母，積極の肥料だ，でないと君は卑屈になる。
（When confrontation is necessary, don't shy away from it.
Confrontation is often necessary to achieve progress.）

次の瞬間……皆がうなづいてくれた!!　そして「皆さんは，いま正に電通人ら

しさを実践して下さっていますが，しかし単に摩擦だけでなく，どのように Navigator を皆さん自身が使いやすいようにするかも，一緒に考えて頂けませんか？　皆で共に考えて創りだすのが，このカレッジの目的です」と続けた。

それからは，Navigator の良い点，悪い点を皆で順序立って話し合い，加えてローカルトレーニングで使用してもらいながら，各社のフィードバックを受け改善を加えて行く，という結論に収まった。冷や汗ものだったが，多様な文化を背景とする人たちとの場を運営する難しさと醍醐味を，一挙に味わったような瞬間だった。

こうして 2 日間のセッションを終え，Raffels Place 内のホテルにあるプールサイドのカジュアル・レストランで Farewell Party を催し大いに盛り上がった。アジア各国のメディア，広告業界の人たちは，Networking と称して，レストランやバーでの情報交流を積極的に楽しむ。そうして自分の人脈を広げ，キャリアの肥やしにすることにどん欲だ。Party の場でも，カレッジで初めて出会ったアジア各国の仲間たちが，セッションの時とは打って変わって，リラックスしながら交流する光景を見て，カレッジを通じて自発的に電通アジアネットワークのコア・メンバー同士が自主的に繋がり合い，何かを生み出してくれることにこそ，この取り組みの意味があるのだと確信した。

2 回目以降の初年度プログラムは，以下の内容となった。

◆第 2 回セッション（06 年 7 月 27-28 日）
　　テーマ：What is Dentsu Way of Branding?
◆第 3 回セッション（06 年 11 月 6-7 日）
　　テーマ：Dentsu Way of Consumer Insight
◆第 4 回セッション（07 年 3 月 29-30 日）
　　テーマ：Dentsu Way of Campaign Planning

全 4 回を通じて評価が高かった要素は「わかりやすさ」「双方向性」「実践性」である。電通ウェイの浸透という足の長い目的の一方で，ナショナルスタッフが切実に求めるものは，やはり実務に即し，役立つ「武器」なのだと改めて痛感した。

2006 年に立ちあがったカレッジも 3 年が経過した頃，コミッティーと振り返りを行った。結果，以下のことが成果として挙げられた。

▶目には見えない「電通ウェイ」を明文化，システム化して伝える重要性を認識させることができた。

▶それまで拠点長クラスしか認知されていなかったアジアの拠点だったが，アジアは多様な人材の宝庫だということを「見える化」できた。

▶マーケティング・ツールやメソッドが，ある程度，浸透し活用された。

そして，何よりも「Networkingという概念やマインドが浸透したこと」が最も大きな成果だという点で，皆の意見は一致した。

しかし，3年を経てカレッジのあり方を見直すべき出来事が訪れた。08年のリーマンショックである。広告業界でも人材流動性の勢いが急速に増して来ていた。日系企業も，アジアの中間層を「ボリュームゾーン」と定め，一斉に進出を始めた。電通シンガポールや電通アジアは，アジアに進出するクライアントにとって最初のコンタクト先となる。とりあえずシンガポールに統括会社を設立，というのが一種の流行となっていたからだ。アジアに望みを託すしかないという切迫感もあり，国内第一線級の優秀な人材を各企業とも送りこんで来る。これまでアジアネットワークのキークライアントは，自動車や電機・デジカメ・カテゴリーだったが，そのクライアント・ポートフォリオも劇的に変化を見せ始める。内需を前提とした食品・飲料といったソフト系のカテゴリーの企業が，国内市場の急速な縮小を受け，危機感を持って「新内需市場」と呼ばれるアジアに進出して来た。我々はさらに高度で，さらに幅広いノウハウを伝える必要性に迫られていたのだ。

3. Dentsu: Network Asia-Innovation College へのモデルチェンジ

より高度なニーズに対応するために，そして組織全体を底上げするためにプログラムを3層に設定することにした。これまでのプログラムは，ベーシックなマーケティング手法やツールの伝達を主眼にし，ジュニア層に目線を置いた内容だった。この浸透は一定程度，達成したと思われたので，既存プログラムは電通アジア傘下の各現地法人で独自に継続してもらうことにした。その代わり，ミドル層に活用してもらえるような，言い換えれば現場のナショナルスタッフが，クライアントの日本人トップに提案するに耐えうるようなプログラムを策定すること

にした。加えて，シンガポール国立大学の協力を得た次世代リーダー養成プログラムにも取り組むこととした。

電通シンガポールには「J」「L」という隠語があった。Japanese と Local の意味だ。日本人出向社員の役割は，クライアント日本人幹部のケアが仕事という風潮が，依然としてある。その結果，出向社員とクライアント日本人との間のコミュニケーションと，電通―クライアントのナショナルスタッフ間のコミュニケーションとの間に断層が生まれる。あるいは，日本人社員がクライアントの日本人社長から聞いてきた広告コミュニケーションの方向性をナショナルスタッフに伝え，それに基づいて彼らは実施（Execution）だけを担う役割，という事例も多い。これでは，いつまで経ってもナショナルスタッフのモチベーションは上がらず，育たない。逆に，日本人の社長に堂々とプレゼンテーションできるノウハウを伝授し，提案のチャンスを提供すれば，我々のネットワークは真に自立するのではないだろうか。このような願いのもとに，プログラムのカスタマイズに乗り出すことにした。同時に，そこに我が社の新しいスローガン＝「Good Innovation」の理念も込めることとした。

Entrepreneurship/Ideas/Technology の 3 要素で人へ社会へイノベーションをもたらすという「Good Innovation」の理念は，むしろ海外拠点のナショナルスタッフにとって，より理解しやすいのではないかと考えたからだ。新生カレッジ

（カレッジ 1 期生の皆さん）

第 7 章　電通ネットワーク・アジア・カレッジ（DNA-カレッジ）という挑戦　101

図表7-1　DNA-カレッジ

トレーナーズ・トレーニングの仕組み①

Asia Regional Network
- A 国　トレーナー
- B 国　トレーナー

各国で「トレーナー」を指名

本社（日本）

トレーナーズ・トレーニングの仕組み②

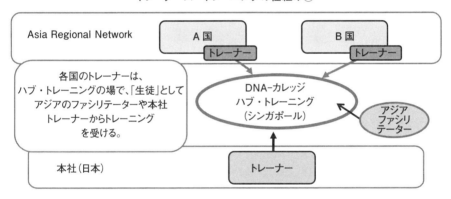

各国のトレーナーは、ハブ・トレーニングの場で、「生徒」としてアジアのファシリテーターや本社トレーナーからトレーニングを受ける。

トレーナーズ・トレーニングの仕組み③

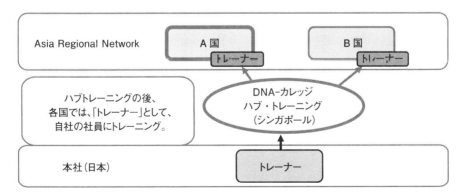

ハブトレーニングの後、各国では、「トレーナー」として、自社の社員にトレーニング。

は，名前も「Dentsu Network Asia-Innovation College」とモデルチェンジすることで，意図を明確にした。

新プログラム開発に際して焦点を当てたのは，デジタル領域とプロモーション領域。アジアでも急速にデジタル・コミュニケーションが進展する気配を見せ始め、特にスマートフォンの普及がさらに拍車をかけていた。なぜ，アセアン地域で国の異なるメンバーが集まりカレッジを開催できるのか。それは英語が「共通言語」だからだ。携帯電話によって，国境を越え，同一言語（英語）で日々，コミュニケーションが行われている。アジアは多面的な国の集合体であるとともに，「一極」という側面ももつ。この傾向に，我が社もコミュニケーションレベルで先んじる必要性があることから，特にデジタルに焦点を当てることとした。

もう一点のプロモーション領域。アジアも売り手市場から，生活レベルの向上や関税撤廃等を背景とした多彩なブランドの参入によって，買い手の目がますます肥えてくるのを実感するようになった。エンドユーザーとの接触（コンタクト）の場であり，データ収集の絶好の機会でもある店頭コミュニケーションの手法を伝え，マス広告から店頭までの一貫したブランディングを競争力とする必要があるという問題意識の下，店頭コミュニケーション・プログラムを新たに導入することに決めた。カレッジの重要な役割は，やがて来るコミュニケーション・トレンドを「先読み」するとともに，そのニーズの実態や可能性を，カレッジという「場」で各国受講生やコミッティーの意見を通じて測り，マーケットニーズ（ウォンツ）に合わせた形でインフラを整えていくことだと，私たちは考えた。

4. ビジネス・プラットフォームへ

08年のリーマンショックを受けて，各クライアントも改めて「お客様（エンドユーザー）のことを，キチンと知らなくてはならない」という意識を強め始めた。このタイミングで，電通アジアではコンシューマー・データベース「Dentsu Asia Influencer Research; D-AIR」の立ち上げを行った。本社発のデータベースは，それまでもあるにはあった。しかし，その時々の予算等の事情により，本社都合でデータが縮小されたり変更されたりするので拠点サイドは戸惑うばかりだった。

統括オフィスの重要な役割の1つは，カバーする諸国の状況を俯瞰し，横並び

でいち早くマーケットの状況を把握し「先を読む」こと。D-AIR は，本社都合に左右されず，この「先読み」を行うための武器として立ち上げられた。その概要は，下記の通り。

・対象国　　9 カ国（アセアン 6 ＋インド，韓国，台湾）
・調査手法　インターネットによる定量調査（各国 500 サンプル）と有識者インタビュー。年 3 回の質問の入れ替え。

　ただ，同調査の最大の特徴は，分析をアジア各国拠点のストラテジストが行ったことだ。

　各国の肌感覚による分析によって，説得力が増すこととなった。幸いにも様々な形でクライアントに活用して頂き，ビジネス化への道が様々に広がることになる。特筆すべきは，商品企画・商品開発の領域だ。従来，日系企業は，開発機能だけは日本から出さないと言われてきた。しかし，アジア市場の成長や競合環境の激化に伴い，そうも言ってはいられない。多くの企業が「アジア発」の商品企画・開発に続々と乗り出す一方，複数国で商品展開を行う場合のデータソースやマーケティング面での知見が決定的に不足していることが共通した悩みでもあった。そこで有効なのが「カレッジ（人）× D-AIR（データ）スキーム」だ。D-AIR で定量的なデータとして示すとともに，カレッジのスキームを活用してクライアント，電通混合チームによるディスカッションを行い，ヒントやアイデアを抽出する。最も大きなプロジェクトは，アジア複数国での商品企画やコミュニケーションプラン策定に際し，我がアジアネットワークの社員を集めて，クライアント側のスタッフとの合同セッションを行って，2011 年に立ちあがったパナソニック「Panasonic Beauty Asia」だった。

5. おわりに
―9.11 後の世界，3.11 後の世界―

　2013 年春。我が社はイギリスのメディア・エージェンシー Aegis Media を買収し，Dentsu Aegis Network というカンパニーが発足。グローバル戦略は新たな局面に突入した。これまでの日系企業サポートに留まらず，マルチナショナル・クライアントの獲得を本格的に目指すことになり，したがって，求められる人材要件も異なってくる。この動きに伴い，全世界での要件見直しと育成スキー

ムの再構築が急がれることとなった。電通ネットワークアジア・カレッジも，現在は見直しが行われている。

　一方，この原稿執筆にあたってカレッジ立ち上げに協力してくれたコミッティーに意見を求めたところ，そのひとりからのメールに下記のくだりがあった。

I must say, having been a part of DNA-C was not only a significant and impactful entity in my career life, but it gave me a once in a lifetime, most memorable , ultra unforgettable experience that I will be grateful for.

　たとえ数人でも，DNA-カレッジでの経験が，国境を越えた仲間同士の人生で最も記憶に残る出来事となったのであれば，これに勝る喜びはない。

　カレッジ構想を練り始めていた時のことだ。クアラルンプールのホテルで，朝，NHK ワールドの番組を見た。そこではノーベル賞作家の大江健三郎さんが中学生たちへの講演を行っていた。大江さんは，9.11 に触れ「ワールドトレードセンターが崩れるのを目にした時，自分は作家として，上へ上へと目指すヒエラルキー社会を変えることが出来なかった敗北感を感じた。貴方達は，そのような世界ではなく Horizontal（水平）で平等な社会を創ってください」と話されていた。この時「ネットワーク」や DNA-カレッジの可能性を確信した。今でもアジア（圏）では，上海，ドバイ，台北などの各都市が，世界一の高度のタワーづくりを競い，日本でも東京スカイツリーが建設された。一方，9.11 から 10 年後の 3.11 によってもたらされた「絆」とも称される価値観は，ソーシャルネットワークの進展などもあって着実に浸透し，「Horizontal」な社会の創造へ大きく前進したといえる。日本ならではのサービスマインドと，グローバル市場に適応させたソリューションをもつ日本人が世界に出て行き，ネットワークを広げ，DNA-カレッジのように各国各市場の人たちに伝え協創することができた時，それは Horizontal な未来形の『国のかたち』となるのではないだろうか。

　追記：この本の出版を心待ちにしながら 2016 年 1 月に急逝した母，故・酒井尚子に捧ぐ。

（酒井　章）

第8章

歴史と文化を超える歌劇場ビジネス

1. はじめに

　オペラは約400年前にイタリアで生まれたものである。時代の変遷とともに社会制度や人々の生活様式は大きく変わった。それにも関わらず，発祥の地であるイタリアにとどまらず，欧州各国，北米，南米，日本を含むアジアなど，世界中に歌劇場が設立され，現在も様々な国でオペラの上演が行われている。オペラの発祥とほぼ同時期に日本では歌舞伎が生まれたが，海外には伝播していない。200年前に生まれた中国の京劇等も歌舞伎同様に海外には広がっていない。バレエやミュージカルは様々な国で上演されているが，いずれもオペラに起源を有しているといっても過言ではない。オペラのように時代と文化を超えて世界的に広がり，現在も存続している舞台芸術フォーマットは他に見当たらないのではないだろうか。

　オペラの上演は主として歌劇場（オペラハウス）において行われる。歌劇場は，その事業的性格に鑑み非営利形態での運営が専らであり，歌劇場の運営に係る先行研究は，アートマネジメントの脈絡で論じられていることが多い。歌劇場の運営は，公的機関または民間の非営利団体が行っているが，その事業内容はサービスビジネスといえよう。国，時代，文化を超えて存続しているオペラというコンテンツは，それぞれの作品が内包するコンテクスト，つまり社会的・文化的背景などが現代のものとは異なっており，また，多くの国にとってはオペラ作品の言語設定が外国語である。そういったオペラを上演する歌劇場の運営とは，まさしく異文化マネジメントの興味深い研究対象ではないだろうか。

　異文化マネジメントとは，異なる文化の接触に伴う事象をマネジ（管理）することであり，国際ビジネス研究領域の1つである[1]。オペラという世界的に共通するコンテンツを扱いながら，歌劇場の運営形態や状況は国によって異なっており，そこにはそれぞれの国の経済的，社会的，歴史的，文化的背景の違いが反映

され，現在に至っている。本章では，オペラの上演を主たる事業目的としている歌劇場が，国と時代を超えて存続している背景には，多くの異文化マネジメントの要素を指摘しうるとの問題意識で，歌劇場ビジネスについて論じる。

2．オペラと歌劇場の歴史と変遷

（1）オペラの誕生と国際化

オペラは17世紀初頭，ルネサンス期のイタリアで誕生した。古代ギリシャ劇を音楽と文学の融合という形で再現しようとして作られたものがオペラ誕生のきっかけである。当時は宗教音楽が主流の時代で，唯一世俗的な音楽は吟遊詩人達の音楽しか存在せず，それ以外の舞台芸術としてのオペラの誕生はルネサンス期の革新的な動きだった[2]。フィレンツェで誕生したオペラは，貴族の宮廷でのみ上演されていたが，その後，ローマやベネツィアにおいて劇場で上演されるようになり，効果音，場面展開を伴う凝った舞台装置が用いられ，観客をひきつける要素が加えられていった。イタリアにオペラ劇団が組成され，ヨーロッパ各地に公演旅行を展開し，新しい娯楽としてのオペラがイタリア国外に広まった。イタリア・オペラに魅了された各国の貴族達は，自国の音楽家にオペラ制作を命じ，それぞれの国で新たなオペラ作品が生み出されていく。オペラは娯楽性の強い，制作に多額の資金を要する芸術として発展していった。

少なくとも18世紀末のフランス革命まではイタリア・オペラがオペラの標準形とされ，ヨーロッパ全土でイタリア語によるイタリア・スタイルのオペラが上演されていたとみられている。イタリア語以外の自国語による『国民オペラ』が生まれるのは19世紀になってからのことである。ただし，フランスでは，ルイ14世（1638～1715年）がバレエとオペラを融合させ，イタリア・オペラ全盛の時代にも自国スタイルのオペラに固執していた[3]。ドイツでは，フランスに先駆けてオペラが流入し，30年戦争（1618～48年）後，小国を治める諸侯が権勢を競って劇場を設立し，オペラを制作した。それが，現在でもオペラ大国といわれるドイツのオペラ文化の基盤となっている[4]。オーストリアでも17世紀半ばからオペラ上演の歴史をもち，現在のウィーン国立歌劇場はハプスブルク家の宮廷

劇場だったものである。17～19世紀の欧州では，宮廷ないし巨大なスポンサーがいて，宮廷におけるオペラ芸術が発展するというのが典型的なパターンであった。例外的に18世紀のロンドンでは，ヘンデルらの作品が人気を博して民衆によってオペラが発展するという，他国とは異なる展開をみせた[5]。

(2) 18世紀末～20世紀初頭

18世紀末のフランス革命によってオペラ史は大きく転換した。革命によって宮廷生活がほぼ消滅し，これを境にオペラを取り巻く社会条件が大きく変化した。岡田は『オペラの運命』（2001年）の中で次のように述べている。

　「国家」や「国民」といった概念が誕生したのは，フランス革命以後のことだと言われている。それまでの人々は自分を国家というよりは，むしろ宗教，王家，郷土（領主），階級に帰属する存在と考えていた。とりわけ，支配階級の貴族と聖職者にとって，国境や民族性によって規定される「国」という枠組みは大した意味を持っていなかった。各国の王家は婚姻関係によって国境を超えた繋がりを持っており，支配階級層は「国際語」（聖職者はラテン語，貴族はフランス語ないしイタリア語）を通じて意思の疎通が出来るコスモポリタンであった。だが，フランス革命が解放した一般市民，つまり「国民」層は，自国語（方言）しか話せなかった。そういった彼らの集団アイデンティティーは，同じ言語，同じ民族の血，同じ歴史のルーツであり，「国民」は本性的にナショナリストであった[6]。

19世紀に入ると欧州ではナショナリズム台頭の時代を迎え，そうした時代背景を象徴するように，民族主義的または愛国主義的なオペラ作品が自国語を用いて各国で数多く書かれるようになる。イタリアのヴェルディ，ドイツのワーグナー，フランスのベルリオーズが代表例である[7]。東欧諸国とロシアも革命を経て民族主義の高まりをみせ，ロシアのムソルグスキーやチャイコフスキーの作品は前述のヴェルディらと同様の性格のものであった。オペラは単なる娯楽というよりも，人々の意識の鼓舞や精神的支えといった位置づけになっていった。19世紀のドイツでも，勃興する一般市民層に劇場文化が受け入れられ，歌劇場の存続基盤は徐々に宮廷から国民へと移っていった[8]。19世紀というのは，ヨーロッパにおいてオペラが最もポピュラーな芸術として受け入れられた時代であり，その当時のオペラは，過去に制作された古典を上演するのではなく，その時に作られた作品が好まれ，「同時代性の芸術」との位置づけであった[9]。

他方，欧州からの移民とともにオペラも米国やオーストラリアといった新大陸に伝わっていった。1883年には米国でメトロポリタン歌劇場が竣工し，収容人員が約4千人規模の世界最大級の歌劇場が出現した。20世紀には多くのユダヤ系音楽家が米国へ亡命し，それとともに米国が起点となってオペラの音楽的発展をみせた面もある。日本では，1820年頃から在日外国人の間で音楽劇やオペレッタが上演され始めたが，いわゆる劇場施設でオペラ全曲公演が行われたのは1903年のことであった[10]。

1900年前後からオペラ上演における指揮者や演出家の役割が増大する傾向となり，観客の主要関心事は「作品鑑賞」，とくに過去の名作の「解釈鑑賞」に変化していった。オペラが娯楽から芸術に変化するプロセスであると同時に，オペラが古典芸能化への道を辿り始めたのもこの時期である[11]。

(3) 大戦後〜現在

第一次世界大戦を境にして上流ブルジョアと呼ばれる超富裕層がほぼ完全に消滅し，代わって大衆の時代になると，オペラや歌劇場を取り巻く環境は厳しくなる[12]。2度の大戦を経てなお存続する歌劇場の多くは，特定の個人の財力で支えるのではなく，政府からの公的支援を受けながら運営される公的機関や非営利芸術団体となっていった。

その一方で，第二次世界大戦後，テレビ放送や映画産業が盛んになり，それまではオペラが唯一の娯楽だった人々の足を劇場から遠ざけるようになってしまった。21世紀の現在，インターネットやタブレット端末の普及が進み，人々のエンターテイメントの鑑賞方法や余暇の過ごし方は急速に変化している。近年，多くの歌劇場はオペラ観客層の高齢化という状況に頭を悩ませ，若年層を含む新しい観客層をいかにしてオペラに呼び込むか，というマーケティングの取組みに迫られている。

また，世界経済や資本市場がグローバル化したため，一端，経済問題が起こると単一国の問題ではなく，幅広くかつ根深く連鎖する展開となった。2008年のリーマン・ショック，2010年の欧州通貨危機といった事象により，欧米の多くの国家財政が悪化し，公的機関である歌劇場への財政支援を縮小する動きが各地で起こり，歌劇場の運営が立ち行かなくなる事例が出てきた。2013年に米国のニューヨーク・シティ・オペラは経営難により破産申請を行い，2014年にイタ

リアのローマ歌劇場はオーケストラ団員と合唱団員総勢182名全員を解雇している。国家財政運営における文化政策の位置づけや、歌劇場に対する支援のスタンスは国によって異なっている。それは、それぞれの国や社会における歌劇場のもつ社会的存在意義の違いに起因する。かつてオペラの歴史において重要な地位を占めていたイタリアでは、歌劇場は政府から公的支援を大幅に減額する方向を示され、個々の歌劇場の財政運営の自立性が求められている。他方、近年、中国や韓国の政府は文化政策を重視し、欧米を上回る水準で歌劇場に対する公的財政支援を行っている。このように歌劇場をとりまく環境は、21世紀になって大きく変化している。

3．世界の歌劇場

　ここでは、オペラおよび歌劇場がいかに幅広い文化圏に広がっているのか、を見ていく。欧州で生まれた歌劇場だが、現在では世界中に存在しており、2010年時点で全世界に560の歌劇場が存在している[13]。図表8-1は現存する歌劇場の代表的な例を示したものである。ただし、ここに掲載してあるのは、舞台芸術を上演するための会場機能としての劇場ではなく、継続的にオペラの上演活動を行うための付属のオペラ・カンパニー（制作スタッフ、合唱、オーケストラ等）を有する芸術団体である。

　歌劇場の存在する国は広範囲に及んでいるが、一国あたりの歌劇場数が最も多いのはドイツである。ドイツ国内で、公的劇場だけでも84件あり、世界の歌劇場の7つに1つはドイツの劇場といえる[14]。歌劇場はオペラという芸術創造の場であるとともに、その国や都市の文化や歴史の象徴、重要な観光資源としての役割を担っているケースもある。一例としてオーストラリアのシドニー・オペラハウスはユネスコの世界遺産に登録されている。

　劇場という大規模な固定資産をもたずにオペラの制作・上演を行うオペラ・カンパニーも世界各地に存在している。アジア・オセアニアではニュージーランド・オペラ、オペラ香港、日本では新国立劇場よりも歴史の古い藤原歌劇場（1934年創立）、二期会（1952年結成）等がある。また、1970年に米国に創設されたオペラメリカ（Opera America）というオペラ・カンパニーの業界団体には現在150団体が加盟している（この中には米国外の団体も含まれる）。オペラメ

110　第Ⅱ部　事　例　編

図表 8-1　現存する歌劇場（オペラ・カンパニー）の例

国	歌劇場名（設立年）
イギリス	ロイヤル・オペラ・ハウス（コヴェントガーデン王立歌劇場）（1732 年），イングリッシュ・ナショナル・オペラ（コリセウム劇場）（1931 年），他。
イタリア	ナポリ・サン・カルロ劇場（1737 年），トリノ王立劇場（1741 年），ボローニャ歌劇場（1763 年），ミラノ・スカラ座（1778 年），フェニーチェ劇場（1792 年），ローマ歌劇場（1880 年），他。
オーストリア	ウィーン国立歌劇場（1869 年），ウィーン・フォルクス・オーパー（1898 年），他。
オランダ	ネザーランド・オペラ（1986 年），他
スイス	チューリッヒ歌劇場（1834 年），ジュネーヴ大劇場（1879 年），他。
スペイン	リセウ歌劇場（バルセロナ）（1847 年），レアル歌劇場（マドリッド）（1850 年），他。
ドイツ	ハンブルグ州立歌劇場（1678 年），ベルリン国立歌劇場（1742 年），バイエルン州立歌劇場（1818 年），ザクセン州立歌劇場（1841 年），フランクフルト市立歌劇場（1880 年），他。
フランス	パリ国立オペラ（1669 年），リヨン歌劇場（1676 年），オペラ＝コミック座（1715 年），他。
ベルギー	ベルギー国立歌劇場（王立モネ劇場）（1700 年），他
ポルトガル	国立サン・カルロス劇場（1793 年）
モナコ	モンテカルロ歌劇場（1879 年）
スウェーデン	スウェーデン王立歌劇場（1773 年），他。
デンマーク	デンマーク王立劇場（1874 年），他。
ノルウェー	ノルウェー国立オペラ（2008 年），他。
フィンランド	フィンランド国立オペラ（1911 年）
ギリシャ	ギリシャ国立歌劇場（1940 年）
スロヴァキア	スロヴァキア国立歌劇場（1886 年）
セルビア	ベオグラード国立劇場（1868 年）
チェコ	プラハ国立劇場（1881 年），プラハ国立歌劇場（1888 年），他。
ハンガリー	ハンガリー国立歌劇場（1858 年）
ブルガリア	ソフィア国立歌劇場（1908 年）
ポーランド	ポーランド国立歌劇場（1833 年），他。
ウクライナ	ウクライナ国立歌劇場（1867 年）
ロシア	ボリショイ劇場（1780 年），マリンスキー劇場（1860 年），他。
アメリカ	メトロポリタン歌劇場（1883 年），シカゴ・リリックオペラ（1910 年），サンフランシスコ・オペラ（1923 年），他。
カナダ	カナディアン・オペラ・カンパニー（2006 年）
アルゼンチン	コロン劇場（1856 年）
ブラジル	リオデジャネイロ市立劇場（1909 年）
チリ	サンチアゴ市立劇場（1857 年）
オーストラリア	オーストラリア・オペラ（シドニー・オペラハウス）（1973 年）
イスラエル	イスラエル新歌劇場（1994 年）
日本	新国立劇場（1997 年），滋賀県立芸術劇場（1998 年），他
中国	上海大劇院（1998 年），中国国家大劇院（2007 年），他。
韓国	韓国国立オペラ（韓国国立劇場）（2000 年）
シンガポール	シンガポール・リリック・オペラ（1991 年）

出所：新国立劇場ホームページ（海外のリンク），Wikipedia，各劇場のホームページ。

リカは加盟団体に対し，各カンパニーの舞台制作・上演情報といった情報共有や，カンパニー運営のコンサルティング業務や研修など積極的に活動を展開している。同様の業界団体である Opera Europe には 39 カ国から 155 団体が加盟している。

　現在では様々な国に歌劇場が存在しているが，実際の上演活動はどのようになっているのだろうか。図表 8-2 は，2012 年度の 1 シーズン（事業年度）にオペラの上演された回数が多い国および都市を示している。国を単位としてみると，ドイツでのオペラの年間上演回数は突出して多いことがみて取れる。江藤らが指摘したように，世界の歌劇場の 7 分の 1 がドイツにあるが，上演回数ベースでは世界の 30％のオペラ公演はドイツで行われていることになる。つまり，ドイツの歌劇場は数が多いばかりでなく，それらのオペラ公演回数も他国の歌劇場の 2 倍近いのである。米国は，歌劇場をもたないオペラ・カンパニーが多く存在しており，年間公演数はドイツに次いで 2 位となっている。米国を除けば，他の上位国は欧州勢であり，オペラの歴史をリードしてきた西欧諸国，および旧東ヨーロッパの国々やロシアではオペラ公演が活発であることが理解できる。アジア・オセアニア地区の国では，オーストラリアが 15 位（年間公演数 334 回）で最多であった。都市別でみると，複数の歌劇場が存在している都市ではオペラ公演回数が多くなる結果となっている。歌劇場は簡単に作ったり壊したりという性格のも

図表 8-2　国・都市別オペラ年間公演回数（2012 年度）

順位	国名	公演回数	順位	都市名	公演回数
1	ドイツ	7230	1	ウィーン（オーストリア）	578
2	米国	1730	2	ベルリン（ドイツ）	523
3	ロシア	1441	3	パリ（フランス）	437
4	フランス	1288	4	モスクワ（ロシア）	424
5	オーストリア	1252	5	サンクトペテルブルグ（ロシア）	377
6	イタリア	1162	6	プラハ（チェコ）	371
7	イギリス	1023	7	ロンドン（イギリス）	344
8	チェコ	863	8	ハンブルグ（ドイツ）	335
9	スイス	795	9	ブタペスト（ハンガリー）	331
10	ポーランド	619	10	ニューヨーク（米国）	299

出所：Operabase（ウェブサイト〈http://www.operabase.com〉）
注：世界の 700 を超える歌劇場とオペラ・カンパニーの上演データを集計。2012〜2013 年にかけて行われたオペラシーズン（2012 年度）では全世界で約 24,500 回のオペラ公演が行われた。

のではないため，図表8-2でみる順位は年による入れ替わりが起こりにくい。

4. コンテンツとしてのオペラ

　世界各地の歌劇場では，どのようなオペラが上演されているのだろうか。2008～2012年の5事業年に，世界中の歌劇場（およびオペラ・カンパニー）が上演した作曲家毎の順位を見ると，19世紀イタリア・オペラの代名詞ともいえるヴェルディ（1813～1901年）とプッチーニ（1858～1924年），18世紀のモーツァルト（1756～1791年）の3作曲家が群を抜いて多く，4位に19世紀を代表するドイツ・オペラのワーグナー（1813～1883年），5位に19世紀のロッシーニ（1792～1868年）の作品が取り上げられていた[15]。同様の調査が2005～2006年の2年を対象に行われている[16]。この調査によると上位5作曲家は全く同じ作曲家の顔ぶれであった。上位5作曲家の作品は世界中のオペラ公演の約5割を占めており，上位10作曲家の作品で世界のオペラ公演の75%が占められていることになる。20世紀以降も新しいオペラ作品は生み出されているが，多くの歌劇場はスタンダードといわれるクラシックなオペラ作品を扱うことが多い。その背景を次に述べる。

　歌劇場のシーズン演目選択については50：20：30ルールが一般的であると，元パリ国立オペラ座副総裁のTarondeauは指摘している。そのシーズンプログラムの演目の50%は，チケット販売の観点からリスク・フリー演目といわれる人気の高い演目を選び，チケット売上を確保した上で，20%は新制作や上演頻度の高くない珍しい作曲家の演目を配し，30%は知名度の高い作曲家の上演が少ない演目を選択するというものである[17]。そのため，世界に数多くの歌劇場が存在しているが，上演される演目選択に関して，高い共通性が見られる状況となっている。その上で，歌劇場は文化芸術団体としての存在意義から，商業性と芸術性のバランスを考慮して公演プログラムを組む。チケット売り上げの観点からはリスクは高くても，人々にあまり知られていないマイナーな演目や現代物の上演にも取り組むのである。

　スタンダード作品といわれる上演頻度の高い古典オペラの多くは，18～19世紀に作られた作品だが，時間の経過と社会背景が変化し，過去に作られたオペラ作品の設定や内容を現代の社会的・文化的「コンテクスト」へと変化させる事例

が今日では見られるようになってきた。作品が作られた当時の設定で上演する場合もあるが，核となるストーリーはそのままに，演出において時代背景等の「コンテクスト」を現代に読み替えるというやり方が見受けられる。近年，古典であるオペラ作品をどのような演出でみせるのかという「演出傾向」が重要要素となってきており，歌劇場の公演チケットの売り上げ，つまり興行成績に大きな影響を与えるようになってきた。「演目選択」と「演出傾向」については，歌劇場ごとにその姿勢に違いが顕れており，歌劇場の存在する国の文化および観客の嗜好の違いが反映されているといえよう。例として，北米の歌劇場は保守的な古典演目（前述のリスク・フリー演目と言われるようなスタンダード作品）を伝統的な演出で扱うことが多いといわれる。一方，Agid らのデータによるとスイス，スペイン，オランダ，イギリスの歌劇場はスタンダードといわれる古典作品の比率が相対的に低く，現代作品を取り上げる比率が北米に比べて高い[18]。1970 年代以降，ドイツ語圏を中心にオペラは「演出家の時代」に入ったといわれており[19]，17〜19 世紀の作品の設定や筋を現代の「コンテクスト」に読み替え演出を行う取り組みが増えてきている。それらを受容するか否かは，観客の成熟度や文化的志向，その社会におけるオペラというコンテンツの浸透度が大きく影響している。

5. ビジネスとしての歌劇場

　歌劇場のビジネスとはどのようなものだろうか。現代の歌劇場とは，観客からチケット収入を得て，オペラというサービス役務を提供するところである。しかし，チケット収入だけではオペラを制作・上演する歌劇場の収支をバランスさせることができない点が事業特質でもある。文化経済学という学問領域を確立したボウモル（W. Baumol）とボウェン（W. Bowen）は，舞台芸術団体の赤字の必然性を指摘した。舞台芸術は技術革新が困難なため，人件費比率が高くコストの低減を図れない性質があり，これを市場原理に任せていたら，生き残るのは一握りの商業演劇などに限られてしまい，準公共財[20] である舞台芸術の多様性が著しく損なわれる[21]，とボウモルとボウエンは指摘した。

　オペラの企画，制作，上演にあたり，歌劇場では様々な人員が関わり，計画から実際の上演に至るプロセスに 3〜4 年という長い期間を要し，かつ多額の資金

を必要とする。欧米の著名歌劇場におけるオペラ1作品あたりの新制作費用は1～5億円かかるといわれる。これに劇場管理・運営費用が別途掛かる。営利ビジネスであるならば，原則，事業支出は事業収入で賄わなくてはならない。歌劇場が事業収入で収支をバランスさせようとすると，チケットの価格設定を高額なものにしなくては成り立たないことになる（劇場規模にもよるが観客一人当たり5万円～20万円といった水準）。所得の高い富裕層のみをターゲットにして事業展開するのであればそういった運用になるであろう。

　しかし，著名歌劇場は，オペラというコンテンツを舞台芸術享受の機会として幅広い観客に提供することをミッションに据えて，歌劇場を非営利団体または公的機関として運営し，助成金や寄付金を得ることでチケットの価格を抑えているのである。これは，ポピュラー音楽のコンサート，商業演劇，ブロードウェイ（ニューヨーク）やウエストエンド（ロンドン）のミュージカルといった営利事業のエンターテイメント・ビジネスとの明確な違いである。世界の著名な歌劇場は，非営利芸術団体として運営され，興行収入に加えて第三者からの寄付・支援金を受けながら運営している。欧州の歌劇場のほとんどは現在では国立・州立機関であることが多く，これまで手厚い公的支援を受けてきた。しかし，2008年のリーマン・ショック以降，国によっては国家財政の悪化と共に歌劇場への資金援助を減らす傾向にあり，特にイタリアなどでは運営の岐路に立っている歌劇場も少なくない。北米や英国の歌劇場は基本的に民間運営となっているが，興行収入，寄付金収入の動向はマクロ経済の影響を受ける。現在では，歌劇場の持続的事業継続のためには，戦略的経営の取組みが必要な状況となっている。

　芸術制作の場である歌劇場では，様々な職種・職能の人員が多数関わり合うため，歌劇場の組織運営は複雑であり，非営利団体である歌劇場のトップ（総裁）の仕事は大企業のCEO職に匹敵する[22]。歌劇場は，一般の営利企業と異なり，文化芸術団体としての芸術的価値の創造と社会的存在意義を示す使命を負っており，事業採算の観点からの商業性と文化芸術団体としての芸術性の板挟みが起こり，それが複雑さの一因でもある[23]。そういった非営利文化芸術団体としての様々な制約の中で，戦略的経営へのかじ取りが求められる歌劇場の経営課題と取り組み事例について，次に議論する。

6. おわりに
―歌劇場の経営課題と異文化マネジメント―

　社会的環境変化の中で，歌劇場は様々な経営課題を抱えている。1つには，現代社会にオペラというコンテンツが幅広く受け入れられるよう，新しい観客層を開拓していくことである。ドイツやフランスなどの一部の国を除いて，オペラ観客層の平均年齢は60〜70代と言われ，若年層の開拓が重要な課題となっている。そのためには，18〜19世紀に作られたオペラ作品固有のコンテクストと現代社会の文化コンテクストとをどのように融合させていくのか，という複雑なコンテクスト・マネジメントへの取り組みが求められている。その事例として，米国のメトロポリタン歌劇場（"MET"）の取組みがある。MET は新たなオペラ観客層の開拓を企図して，ハリウッドで成功を収めた映画監督や，ブロードウェイで成功したミュージカルの演出家を起用してオペラの新制作を行った（2007年の「始皇帝」，2013年の「リゴレット」等）。「リゴレット」は16世紀のイタリアの貴族と道化師の物語だが，MET では時代設定を1960年代のラスベガスのカジノに置き換え，ミュージカルのような視覚的要素を織り込み，いわゆる伝統的なオペラの舞台とは大胆に趣の異なる上演となった。批評家や既存の観客層からは疑問視する声も上がったが，オペラを敷居の高い芸術として敬遠している若年層にも来場を促し，興行的には大成功となった。他にも，著名なオペラ作品を現代のコンテクストでの「読み替え演出」を行う事例が増えてきている。

　歌劇場の経営課題の2点目としては，オペラは興行収入のみで事業採算を成立させることが困難なビジネスであるため，外部資金獲得への取り組みが求められる時代となり，歌劇場の社会的存在意義を高めて公的・民間支援を確保しなくてはならない，という点である。これは1点目の経営課題にも関連することであるが，歌劇場が一部の限られた人のための芸術鑑賞機会と見なされると，その存在意義について幅広い社会的支持を得ることは難しい。オペラと歌劇場に対する社会的支持形成のためには，その存在を広く社会的に必要なものとして認知してもらう働きかけが必要である。その取り組み事例として歌劇場のライブビューイング事業を紹介する。

　米国の MET は2006年から高画質ライブビューイング事業（High Definition Live Viewing, 以下 "HDLV事業"）を立ち上げ，2012年には55カ国1700館の映

画館で配信上演を行うグローバル・ディストリビューションを確立し，年間 230 万人が視聴する規模となった。ニューヨークのマンハッタンにある MET へ観劇に訪れる観客数は年間 80 万人が最大キャパシティであるが，HDLV 事業を通じて，劇場来場者数の 3 倍近い人々に海外市場も含めてアウトリーチする方策を得た。MET の HDLV 事業は，世界中の人々に MET のオペラを体験する機会を提供し，歌劇場としての MET のブランドを世界的に高めることとなった。また，オペラ・コンテンツの配信収入という，歌劇場にとって新たな収益源をもたらし，画期的なイノベーションとなったのである。MET では，HDLV 事業におけるグローバル・リーダーとしての取組みが評価され，近年，多額の民間寄付金が寄せられた[24]。英国ロイヤル・オペラ，フランス国立パリ・オペラ座，ロシア・ボリショイ劇場など，他の世界的に著名な歌劇場もオペラの劇場中継を海外配信する事業に取り組み，MET を追随する動きとなっている。

　ボウモルとボウェンは，歌劇場はその組織マネジメントの難しさ故に，経営上のイノベーションを起こすことは極めて困難であり，よって歌劇場において恒常的な運営赤字は所与の条件となると述べた。それにもかかわらず，MET では，いくつかのイノベーションを生んできた。そういった取組みは，MET の運営のトップを務めるピーター・ゲルブ総裁のリーダーシップで実現したものであるが，そのプロセスは容易ならぬものであった。MET のゲルブ総裁は「従来通りにやっていては，オペラというコンテンツが朽ち果ててしまうという危機感をもっており，現代社会においていかにして生き延びさせるか（"Let the opera survive"），が MET の使命である」と述べている[25]。

　歌劇場とオペラは誕生から 400 年以上の時を経てなお世界中に現存する稀有な芸術文化事業である。しかし，歌劇場を取り巻く昨今の環境変化は激しく，今後の事業存続性を考える上で，様々な課題に取り組まなければならない。オペラという芸術文化をいかにして現代の「コンテクスト」の中で朽ち果てさせないようにするのか，複雑な多文化組織をいかに運営するのか，公的支援者である政府や民間寄付者といったステークホルダーとの関係をいかにマネジするのか，歌劇場の社会的存在意義をどのように構築するのか。これらへの取組みには，異文化マネジメントの発想は欠かせない要素といえよう。

　　［注］
　1）　太田・佐藤［2013］。

2) モルティエ［2006］。
3) 岡田［2001］19 頁。
4) 江藤ほか［2011］。
5) モルティエ［2006］。
6) 岡田［2001］122 頁。
7) モルティエ［2006］。
8) 江藤ほか［2011］。
9) エスコバル［2003］10-11 頁。
10) 増井［2003］。
11) 岡田［2001］。
12) 岡田［2001］。
13) 江藤ほか［2011］。
14) 江藤ほか［2011］。
15) Operabase のデータを参照。2008〜2012 年までの 5 事業年における世界の歌劇場の公演プログラムに演目が組み入れられた回数を作曲家ごとに集計したもの。Operabase とは世界の 700 を超える歌劇場とオペラ・カンパニーの上演データを集計しているデータベースである。
16) Agid and Tarondeau［2010］.
17) Agid and Tarondeau［2010］p. 47.
18) Agid and Tarondeau［2010］p. 55.
19) 北川［2012］。
20) ボウモルとボウェンは舞台芸術を準公共財（混合材）と位置づけ，その便益を次の 4 点にまとめている。(1)国家に付与する威信，(2)経済波及効果，(3)次世代の芸術享受能力開発，(4)教育的貢献（野田［2014］49 頁）。
21) 野田［2014］50 頁。
22) 林［2004］。
23) Auvinen［2001］.
24) 佐藤［2014］。
25) 佐藤［2013］。

［参考文献］

Agid, P. and J. C. Tarondeau［2010］*The Management of Opera, an International Comparative Study*, Palgrave Mcmillan. UK.

Auvinen, T.［2001］"Why is it difficult to manage an opera house? The artistic-economic dichotomy and its manifestations in the organizational structures of five opera organizations," *The Journal of Arts Management*, Law and Society Vol. 30, no. 4.

Baumol, W. and W. Bowen［1966］*Performing Arts The Economic Dilemma*, MIT Press. （池上淳・渡辺守章監訳［1994］『舞台芸術　芸術と経済のジレンマ』芸団協出版部。）

エスコバル，セルジュ［2003］「シンポジウム『イタリアにおけるオペラマネージメントの現状と問題点』講義録」昭和音楽大学。

江藤光紀・城多勉・辻英史［2011］「ドイツの歌劇場の現状と問題点—ドイツ劇場統計を中心として」『論叢現代語・現代文化』Vol. 7，筑波大学。

林　陽子［2004］『進化するアートマネジメント』レイライン。

北川千香子［2012］「オペラ演出における『原作への忠実さ』について—ワーグナーの作品を主として—」『広島ドイツ文学』26 号。

増井敬二・昭和音楽大学オペラ研究所［2003］『日本オペラ史　〜1952』水曜社

文部科学省ホームページ「各国の主な文化政策について」。

モルティエ（Mortier, G）［2006］「公開講座『オペラ劇場運営の現在：フランス，伝統と前衛，実験する歌劇場』講義録」昭和音楽大学。

太田正孝・佐藤敦子［2013］「異文化マネジメント研究の新展開とCDEスキーマ」『国際ビジネス研究』第5巻第2号。

岡田暁生［2001］『オペラの運命』中公新書。

佐藤敦子［2013］「メトロポリタン歌劇場の革新的アートマネジメント」『商学研究科紀要』第76号，早稲田大学。

―――――［2014］「サービスビジネスとしての歌劇場経営」『Journal of Hospitality & Tourism Vol. 9, 2013』明海大学。

―――――［2015］「主要歌劇場のファンドレイジングにおけるパラダイムシフト」『文化経済学』第12巻第1号。

野田邦弘［2014］『文化政策の展開―アーツマネジメントと創造都市―』学芸出版社。

（佐藤　敦子）

第9章

グローバルコミュニティとMICE

1. MICE ビジネスの特性

　20世紀型の大量生産・大量消費のモノづくり主体の製品ビジネスから，21世紀は顧客と価値共創をしながらサービスを提供するナレッジ型のビジネスへと移行する中で，MICEビジネスが世界の主要都市で注目を集めている。

　MICEとは，Meeting（ミーティング），Incentive（インセンティブ），Convention（国際会議），Exhibition（展示会・見本市）またはEvent（イベント）の頭文字からとった言葉であり，ヨーロッパや米国では早くからそのビジネス価値が認められていた産業である。MICEビジネスの特徴と価値は，①ツーリズム産業の中で大きな成長性が見込まれる分野であり，大きなマーケットシェアを占める分野であること[1]，②グローバル規模に展開されるビジネスであること[2]，③年間数兆ドル規模のビジネスであること[3]，などが挙げられる。

　いま世界では，政府機関，PCO（会議運営事業者），展示会・見本市主催者団体・企業，ホテル，コンベンション施設関連サービス企業が，MICEビジネスの経済的価値と市場成長性を重視して積極的なMICEの推進活動を展開している。アジアを例に挙げると，シンガポール，オーストラリア，韓国，中国の主要都市では，国際会議，展示会・見本市を開催するコンベンションセンターやホテルが続々と建設され，インフラ整備，主催者団体・企業の誘致活動が進められている。日本でも，2010年をMICE元年と位置づけて「Japan MICE Year」キャンペーンやMICE人材育成の強化の取組みが開始された。そして2013年6月には，政府の「日本再興戦略」において，2030年にアジアNo.1の国際会議開催国になる目標が掲げられ，積極的な取組みが行われている。

　MICEビジネスは，ヒトとヒトによる人的相互コミュニケーションが軸となるサービス・ビジネスであり，その特徴には，「モノ（goods）」とは異なる「サービス（services）」固有の特性がある。すなわち，①無形性（intangibility），②同

時性（simultaneity），③変動性（variability），④消滅性（perishability）といった
サービスの特性がほぼそのまま該当する。

以下，具体的な MICE 事例に基づいて考察してみる。

① 無形性（intangibility）

サービスは行動，行為，状態であるために，購入前にその内容を評価すること
は，モノと比べて困難である。MICE の例では，参加費用が有償のコンファレン
スや展示会・見本市をイメージすると分かりやすい。コンファレンスの主催者
は，イベント開催 2 カ月程前に，見込み客にプログラム内容であるセッション情
報や講演者リスト，過去の参加者の声の引用文が紹介された資料を送付する。資
料を受け取った見込み客は，コンファレンス主催者の信頼性やイベントの評判，
プログラム内容の情報によって，コンファレンスへの参加有無を判断していく。
その際，コンファレンスで提供されるプログラムの経験価値は，費用を支払い，
会場でプログラムに参加し，経験するまでは実感することができない。MICE ビ
ジネスでは，事前に手で触れてサービス価値の感触を確かめたり，実体験を通じ
て購入判断することができないことから，無形性の特徴を有する。

② 同時性（simultaneity）

サービスでは，基本的に，生産と消費が同時に起こっている。MICE も同様で
ある。生産者と消費者の役割をコンファレンス環境に当てはめた場合，生産者と
はコンファレンスで講演を行う講師，消費者とは講演を聴講する参加者となる。
この場合，参加者がコンファレンスに期待する内容の満足度は，講師や会場にい
る他の参加者と共有する時空間によって創られていく。すなわち，講師とコンフ
ァレンス参加者は，会場で時空間を共有しながら，講演内容の経験について相互
作用サービスをしながら共同生産することになる。この特性は「サービス・エン
カウンター（service encounter）」ともいい，MICE ビジネスにとって重要な要素
である。

③ 変動性（variability）

サービスは，モノとは異なり，同一の品質価値を複製することがとても難し
い。基本的に顧客との相互作用プロセスを通じて生産されるため，無形であるサ
ービスの品質を標準化していくことは，有形であるモノの品質の標準化よりも困

難である。例えば，世界の主要都市で，企業が主催するプライベート・イベントでは，当然ながら開催する場所，開催日の天候，参加者層，参加者数，会場の広さ，音響や映像機器，現場スタッフ等に応じて変動性があり，各会場で完璧に同じイベント経験を提供することはできない。さらには，セッションで講演する講師の健康状態，声の張りやトーンにも変動性があり，講演内容も状況によって変動される場合がある。したがって，MICE で提供する経験価値は会場ごとに異なり，サービスの品質標準化と均質性はモノよりも困難となる。

④ 消滅性（perishability）

サービスは，モノと比べて在庫が困難である。MICE も同様に，在庫は困難である。例えば，6月10日に東京で開催したイベント・プログラムを，12月10日に大阪で開催するイベントまで同じプログラム内容で保管することは不可能である。6月10日のイベントはその日が終了すると，プログラム内容のサービスは消滅する。記録映像として保存することはできるが，個人個人がライブで経験した思い出を，12月10日まで保管することは到底出来ない。このように，サービスの「同時性」とサービスの「消滅性」は二律背反的な関係性をもっていて，コインの裏表の関係にある。

世界で注目されている MICE ビジネスには，①無形性②同時性③変動性④消滅性の4つの重要な特性が関わっており，いわゆる「場の拘束力」とも密接な関係がある。そして，MICE ビジネスは，「サービス固有の特性」と「場の拘束力」が密接に関わることにより，ヒトとヒトが創りだす粘着性の高い情報交換と経験価値を交流する場となって，グローバル・ナレッジ時代に欠かせないビジネスとなっている。

2. グローバル・ナレッジ時代の MICE ビジネス

21世紀のグローバル・ナレッジ時代は，企業，組織，個人に新たな発想への転換を求める。知識や経験といった「見えざる資産」が最も重要な資産となり，競争優位の源泉ともなるため，MICE ビジネスが提供するヒトとヒトの人的コミュニケーションを通じた知識創造機会は，グローバル・ナレッジ時代には欠かせないものである。「MICE は，様々な課題のコンセンサスのために，人々が集ま

り，最新情報の共有，新製品・サービスの売買や新製品・サービスの発表をする重要な役割を担っている」[4]。グローバル・ナレッジ時代には，人間が本来もっている人的コミュニケーションを軸に，対面コミュニケーションを積極的に活用しながら，課題を解決し，ビジネスを推進することが必要である。

ICT の普及によって，世界中のヒトとヒトのコミュニケーションはとても簡単にできるようになり，グローバル・リーチが可能となった。しかし，ICT のみを介したコミュニケーションでは，実際の表情や声のトーンによる感情共有は難しく，「距離の脅威」が解決されたとはいえない。さらに，特定のコンテクスト，特定の人間がもっている情報粘着性の高い知識や経験は，複雑化した多様性の高いグローバル化社会で必要となるため，世界各地で「場の拘束力」が高まるといえる。

　「直接会いたい，自分の目でみたい，同僚や顧客，パートナーが実際にどのような風貌なのか知りたいという願望は，かつてないほどに強まっている。電子メールやファクシミリでお互いに簡単にメッセージをやり取りできるが故に，コミットメントや関心の強さの証拠として，直接会うことの価値が逆に高まっている」[5]。

世界の主要都市では，毎日のように MICE が開催され，多くの人々が特定の場所，時間に集まり，会話や対話を行い，人的コミュニケーションを通じて情報，知識交換を行っている。例えば，ICT 業界では毎年 1 月に，米国ラスベガスで世界最大の家電見本市「International Consumer Electronics Show」が開催され，3,600 以上の出展社が 20,000 以上の最新製品・サービスを展示し，140 カ国以上の国々から，約 17 万人の業界関係者が集まっている。3 月には，スペインバルセロナで「Mobile World Congress」が開催され，200 カ国以上から 85,000 人以上の業界関係者が参加し，1,800 以上の出展社が参加する。

なぜ，我々は人的コミュニケーション，社交ネットワークによるリレーションシップ，最新情報を求めて，移動コスト，時間をかけ世界中の国際会議，見本市・展示会に積極的に参加しているのであろうか。その理由について，太田は，「メタナショナル化するグローバル競争では，場の共有（co-location）を通じて文化的多様性を管理し，さらにカルチュラル・シナジーを梃子に新しい知識，新しい組織プロセスを共有しなければならないから」と述べている[6]。このように，MICE ビジネスは，人的コミュニケーションを中心とする「場」を通じた知識創

造プロセスの役割を担っていると言えよう。

MICEの「場の拘束力」としては，開催場所，参加者，タイミングがとても重要な意味があり，参加者にとってフィットした時間と場所からなるコンテクストの選択が鍵となっている。「コンテクスト，すなわち時間や場所は，すべてのイベント，ひいてはすべての経験の一部をなしている。イベントが中身を指すとすれば，コンテクストとは，いつ（時）どこで（場所）それが起きたかを指している。これらが経験の意味を決定づけるのだ」[7]。まさにグローバル・ナレッジ時代には，人間が本来もっている人的コミュニケーションの利点，すなわち知識創造をするために人と人が集い，会話をし，あるいは社交ネットワークを通じてソーシャル・キャピタルを蓄積しながら，課題を解決する経験価値が重要となる。MICEは，その中核をなすサービス・ビジネスとして参加者のニーズの変化に柔軟に対応しながら，生命体のように日々進化することが求められている。

3. 異文化マネジメントからみた MICE のパターン

当然のことではあるが，国や地域，開催場所，時間，主催者となる団体・企業の文化によって，MICEは異なる。MICEは，様々な人種や文化が交差する場を提供しているため，異文化マネジメントならびにコミュニケーションのレンズを通すと，新しいアイディアの発見が可能となる。例えば，日本で開催しているMICEのスタイルは，他の国のスタイルと比較してどのような点が異なっているのか，同じ点はどこか，を理解することで新しい知識や価値につながっていく。日本は2020年までに，海外から年間2,000万人の観光客を集め，2030年にアジアNo.1のコンベンション開催国となる大きな目標を掲げている。その中で，MICEならびに観光に携わる人材は，日本独自のMICEスタイルだけに固執せずに，文化の多様性，コミュニケーション・スタイルのタイプの違いを理解し，幅を広げていくことによって，もっと魅力的なMICEの開催が可能となり，さらには参加者，地域，人材育成の新たな価値創造につながる。

本節では，日本で開催されているICT関連のイベントと米国のICT関連のイベント・パターンを異文化マネジメント及びコミュニケーションのレンズから比較考察する。

(1) イベントの参加費用（有償と無償）

　米国で開催されるイベントは，参加費用が有償なものが多い。米国では，イベントに参加して，最新情報を入手し，学ぶことの価値が認識されている。「知識経済では技術革新が早いので，学習はつねに行われるべきであり，働いている間は教育を最新のものにしていなければならない。人とは稼ぐ力を持続するために，学習する力を伸ばさなければならない」[8]。「知識は急速に陳腐化する。そのために定期的に教室に戻ることが不可欠となる」[9]。さらに，米国で開催される有償のイベントでは，講師，出展社との情報交換に加えて，参加者コミュニティ内でのネットワーキング機会が提供される。参加者は，ヒトとヒトによる人的コミュニケーション，社交ネットワークへ積極的に参加できるようにデザインされている。ウェンガー（E. Wenger）は，現代におけるコミュニティの価値を再認識して，「コミュニティ・オブ・プラクティス」という概念を提唱したが，米国の MICE ではそれが常態化している[10]。

　グローバル・ナレッジ時代の今，米国では，社内資産だけに依存せずに，外部人材との交流が積極的に行われ，社交ネットワークから創出される知識が企業のイノベーションに繋がると認識されている。すなわち，企業は優秀な社員を集めて，彼らを維持するためのインセンティブとして，イベントに参加する際の費用のみならず渡航費用・宿泊費用をも負担することで，社員の知識向上すなわち企業の競争力を高めるために有償イベントを積極的に活用している。日本でも有償のコンファレンスは若干あるが，通常の ICT 関連のイベントやセミナーで，特に最新テクノロジー，活用方法を紹介する場合は参加費が無償のものが多い。

　日本で開催される ICT 関連のイベントでは，主催者であるメーカーが，最新テクノロジーを紹介し，そのテクノロジーを導入した際の価値や導入事例が紹介される。その際，提供される情報は，主催者の優位性を示すコンテンツや一方的なメッセージが多く，参加者の主たる目的は情報収集におかれている。多くの無償イベントの場合は，参加者が講師や参加者同士と会話する機会は限定的であり，社交ネットワーキングの場もないなど，参加者のイベント参加関与は受動的である。このように，イベント参加費用の有償，無償を比較することで，米国・日本のイベント参加に対する価値観，イベント・プログラムの内容，参加者のイベントへの関与が異なっていることが分かる。

(2) イベント・プログラムの形式（多様性と画一性）

　日本のICT関連のイベントで提供される参加者への学習経験は，どれも似通っている。日本のICT関連のイベントでは，フォーマル・ラーニングの機会として，基調講演，セッションプログラムが用意され，参加者はセッションを聴講し，併催されている展示会で最新情報を入手していく流れとなる。インフォーマル・ラーニングの機会や，参加者同士が集まって，各自の取り組みを共有したり，講師と参加者が双方向にやり取りするプログラムが提供されることは少ない。参加者がコミュニティ・メンバーとして主体的にイベントに参画していき，参加者同士が自由かつオープンな形で積極的に対話しながらナレッジを交換するプログラム環境はまだ主流となっていない。

　イベント参加者の時間の過ごし方については，セッション・プログラムが開催されている時間帯は，ほとんどの場合，会場でセッションを聴講しており，会場外で参加者同士が対話をしている場面は少ない。基本的に，参加者は事前に申込をしたプログラムを優先してイベントに参加する。日本で開催されるICT関連のイベントでは，フォーマル・ラーニングが中心の画一的なプログラムが提供される傾向が強く，参加者のイベント関与はスケジュールに沿った管理的なものとなり，受動的な立場でイベント・プログラムに参加する場合が多い。

　他方，米国で開催されているICT関連のイベントでは，日本に比べると多様なプログラムが提供されており，自由にプログラムに参加している。基調講演やセッション会場で着席しても，少し聴いて自分の期待している内容ではないと感じたら，すぐに会場を後にして他のプログラムに参加する。日本では，一旦会場の席に着いたら，自分が望んでいない内容であっても，我慢してその場に残ったり，タイミングを見て目立たないように会場外に移動するであろう。

(3) イベント・プログラムの内容（形式知と暗黙知）

　米国ではセッションだけでなく，ビジネス・ミーティングやネットワーキング・レセプションの時に，あるいは休憩時に参加者同士，さらには参加者と講師が会話できる機会が用意されている。参加者は，単にセッションに参加して講師から情報を入手するだけではなく，積極的にセッション終了後に講師に質問をし，休憩時間に参加者同士で会話をしながら，情報・意見交換を行っている場面

を目にする。他方，日本ではセッション（講義形式）を中心としたプログラムが多く，参加者同士，参加者と講師が対話できる機会が少ない。また，日本のイベント参加者は，セッションで講師からの情報を入手したら，セッション終了後すぐに会場を後にしてしまう場合が多い。セッションで知った情報を参加者同士で積極的に会話したりすることは，一緒に参加している同僚や知人がいる場合，あるいは特定のコミュニティが集まっているイベント以外では少ないと思われる。

 (4) 参加者の会場での時間の過ごし方（モノクロニックな時間とポリクロニックな時間）

　日本のイベント参加者の場合，基本的に事前に参加するプログラム内容（セッション，展示会，ビジネス・ミーティング）を決定し，イベント当日はそのスケジュールに沿った行動をとり，スケジュール変更はあまり行わない。例えば，参加したセッションの内容に感銘を受けたので，講師と名刺交換するために待ったり，偶然何年も会っていなかった知人に遭遇するなど，余程のことがない限り，事前に確定したスケジュールを変更することは少ないであろう。米国のイベント参加者の場合，イベント会場を見廻して，セッション会場だけではなく，ミーティングをするための場所や参加者が会話をするためのカフェなどのオープン・スペースを発見する。セッションを行っている時間にも関わらず，セッション会場には行かず，そうしたオープン・スペースでミーティングや会話を楽しんでいる参加者によく出会う。ある米国のイベントでは，コンベンション施設だけでなく，近隣のホテルのロビーやカフェにもヒトが溢れ，至るところで参加者がミーティングや会話をしているため，何十分も待たないと席が見つからない状況があった。

　ヘーゲル（J. Hegel III）が「本当に価値のあるものは，むしろ会議室の外に存在している。セレンディピティ（serendipity）が起こるのは，休憩時間の会話のときなどのほうが多い」[11]と述べているように，米国でのイベント参加者は，人間の頭の中にある粘着性の高い情報，知識の価値を認識し，イベント参加者との人的コミュニケーション，社交ネットワーキングを積極的に実施しているのである。

(5) プライベート・イベントの創り方（集団主義と個人主義）

　日本で大規模なプライベート・イベントを開催する場合，広告代理店やPCO（会議運営事業者）に発注することが多くなる。イベント会場の予約をすることを例にとっても，1,000名以上の規模となると，主催する団体・企業が直接施設と契約するよりも，イベントの業務委託を依頼した広告代理店やPCO（会議運営事業者）が手配することが多くなる。そして，イベントの創り方において，プライベート・イベントを主催する団体・企業（クライアント）と広告代理店・PCO（会議運営事業者）の営業担当者との定例ミーティングが開催される際は，現場で業務を行うイベント運営会社や映像関連，装飾，セキュリティ会社の担当者等が，定期的に開催される主催者（クライアント）とのミーティングに参加することは滅多にない。イベント上の各業務の分野や役割は，全体管理を行う広告代理店やPCO（会議運営事業者）が実施し，その配下に各業務を推進する専門会社が位置づけられ，あくまでも「会社」がベースとなっている。

　他方，米国のプライベート・イベントでは，主催する団体・企業自体にイベントの専門知識をもっている責任者や担当者がいる場合が多い。イベント業務では，主催者のイベント責任者・担当者が直接会場施設やイベント運営会社と密にコミュニケーションをとりながら実施している。各イベント業務の分担の明確化と役割が徹底され，個人の専門性で業務が推進されている。「会社」での推進よりも，「個人」による専門性や経験を元に業務が推進され，各分野の専門家の「個人」が先にあり，次に「会社」となっている。

(6) 個人がもつ専門性のスキル（情報の粘着性）

　前述の通り，米国のイベントの創り方では，「個人」の専門性の経験・知識が信頼となって業務が推進される場合が多い。例えば，プライベート・イベントで行われる基調講演のステージ演出，装飾デザインなどは，現場を担当する専門家の「個人」スキルに依存するため，経験から蓄積された専門性の高い担当者のアイデンティティが尊重される。そして，実績を通じた信用は，主催者（クライアント）との人間関係構築に繋がるため，継続的に業務を担当する場合が多い。米国企業がイベント業務先を選定する場合，提案依頼書（Request for Proposal）を実施してから，コスト効率の合理的な視点だけで選定しているという印象がもた

れているが，専門性の高いスキルが必要となる業務分野では，その価値に応じた対応が考慮されている。さらに，イベント運営会社で専門知識をもつプロフェッショナルは，その実力を買われて，業務を発注する主催者（クライアント）側から入社を誘われるなど，発注を受ける側から発注する側へ移動することが多い。

　主催者（クライアント）と業務を行うイベント運営会社担当者は，イベント本番に向けてコミュニケーションを密に行う必要性がある。例えば，イベント会場の準備から終了まで，主催者（クライアント）とイベント運営会社担当者や関係者は会場で食事をする。米国のイベントでは，会場にイベント関係者が食事をするためのカフェテリアが用意されており，そこでは，各自がカフェテリアで好きな食べ物をとったり，ハンバーガーをオーダーしたりする。食事をする場所には丸いテーブル等が用意されており，自由に席について食事をする。カフェテリアには，ステージ担当者から，イベントの運営，装飾，映像，セキュリティまでの各分野のイベント専門家が一堂に集まるので，会話を通じて様々な情報収集と交流がなされるだけではなく，その時点での状況確認や課題解決に必要となる情報交換，さらには人的コミュニケーションを通じた関係強化の時間をもつことが可能となる。

　他方，日本では，イベント主催者が行う業務のほとんどを広告代理店やPCO（会議運営事業者），イベント運営会社に一括依頼している場合，会社対会社の関係を尊重する傾向が強く，米国のように個人の専門性やアイデンティティが認識されることはあまり多くない。また，主催者（クライアント）側がコミュニケーションを行う先が，業務委託の広告代理店，PCO（会議運営事業者）イベント運営会社の窓口である営業担当者とのコミュニケーションに限定される場合が多く，イベント現場で業務を行っている担当者の顔，名前を認識して，個人の専門性のスキルを把握もしくは特定することは難しい。したがって，イベント業務を発注する際には，ビジネスの透明性を高め，コスト効率を図る目的から，定期的な提案依頼書（RFP）に基づく業務委託先の選定が行われる傾向にある。なぜならば，主催者（クライアント）側にとっては，現場の個人の専門性のスキルを理解するための接点が限定されており，個人のアイデンティティを特定できず，どの業務の担当者の専門的知識と経験が不可欠であるかの判断が難しく，コスト効率性が最も判断しやすい選定基準になりやすいのである。

　日本のイベント主催者（クライアント）と業務を行う広告代理店，PCO（会議運営事業者）やイベント運営会社担当者のコミュニケーションは，米国と比較

すると，イベント現場での準備期間が短い傾向にある。また，イベント主催者（クライアント）と広告代理店，各業務を担当する会社毎にスタッフルームが別々に用意されている場合が多い。イベント期間中の，昼食等の食事は，基本的に弁当が用意されているので，各業務を行う会社のスタッフ間でコミュニケーションをしながら食事をとることになり，他の会社や専門家とコミュニケーションしながら食事をする機会は限定的である。

(7) コミュニケーション・スペース（プロセミックス〈近接学〉：オープンとクローズド）

ここでは，米国と日本のイベント会場におけるイベント事務局スタッフが利用する部屋の使い方を考察する。最初に米国のイベント事務局の部屋のレイアウトを紹介する。米国では，責任者，各主要担当者の個人のデスクと椅子が部屋の外側に設置され，座席位置が固定されており，名札を机に置いて責任者，主要担当者のアイデンティティを明確にしている。そのため，イベントに関係するメンバー間でのコミュニケーションを円滑にすることが可能となる。さらに，部屋の中心には，責任者・担当者と関係者がコミュニケーションを行うスペースとして，円卓と椅子が用意されるパターンが多い（図表9-1）。このようなレイアウトにより，責任者・担当者の所在が一目で明らかとなると同時に，オープンな環境で，関係者が誰とでもコミュニケーションできるスペースが用意されている。

他方，日本では並列に机，椅子が配置されるレイアウトが多く，責任者・担当

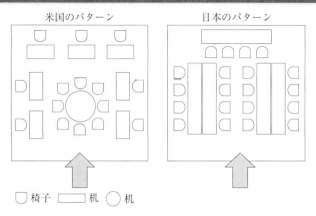

図表9-1　イベント事務局のレイアウト

者の座席位置は，イベント当日まで明らかでなく，席が固定されていない場合が多い。さらにイベント本番中，状況に応じて座席位置が流動的に変わり，関係者の席がその都度変化していくため，明確なコミュニケーション・スペースが確立されているとは言い難い。また，イベント関係者でミーティングする時には，ミーティング用のスペースが用意されていないので，関係者以外のスタッフがいても，各々座席から発言をしながらミーティングしたり，別の部屋に移動してミーティングするなどの対応がとられる。最後に，責任者・主要担当者の座席に名札等を設置せず，固定されていないため，責任者・主要担当者の顔を知らなければ，コミュニケーションすることが難しいクローズドな環境空間となっている。

4. おわりに

　異文化マネジメントのレンズから米国と日本のイベントタイプを比較することによって，①参加費用，②プログラム形式，③プログラム内容，④時間の過ごし方，⑤イベントの創り方，⑥専門性のスキル，⑦コミュニケーション・スペース，の7つの要素が異なることが明らかになった。この7つの要素は，日本のMICEがグローバル・ナレッジ時代の次のステージに飛躍していくための，重要

図表9-2　米国と日本のイベントの比較

	米国のイベントタイプ	日本のイベントタイプ
①参加費用	有償が多い 社交ネットワークの機会が多い	無償が多い 社交ネットワークの機会が少ない
②プログラム形式	多様性	画一性
③プログラム内容	暗黙知が多い イベント参加者は主体的	形式知が多い イベント参加者は受動的
④参加者の時間の過ごし方	ポリクロニックな場合が多い	モノクロニックな場合が多い
⑤イベントの創り方	個人の専門性を重視 ネットワーク型の組織体制	会社の組織体制を重視 階層型の組織体制
⑥専門性のスキル	個人のアイデンティティを特定	個人のアイデンティティの特定は限定的
⑦コミュニケーションスペース	オープン	クローズド

なヒントになると思われる。

　2030年にアジアNo.1のコンベンション開催国を達成するには，これまで蓄積してきた日本型MICEの知識を活用しながら，グローバル社会で注目される日本独自のMICE開催とイベント参加者が主体的に参加できる時空間の提供から，新たな知識創造につながるMICE開催の実現が求められている。

［注］

1) Oppermann［1996］.
2) Weber and Chon［2002］.
3) Convention Industry Council［2012］. Conventional Industry Council（CIC）は，1949年に設立されたMICE関連の国際的な協議会であり，32のMICE関連団体，19,500以上の企業，103,500名のプロフェッショナルが所属している。
4) Hiller［1995］.（Chon and Weber［2014］.）
5) Cohen and Prusak［2001］.（邦訳［2005］288頁。）
6) 太田［2008］213頁。
7) Prahalad and Ramaswamy［2004］.（邦訳［2004］130頁。）
8) Davis and Botkin［1994］.（邦訳［2001］60頁。）
9) Drucker［2002］.（邦訳［2002］25頁。）
10) Wenger［2000］.（邦訳［2002］。）
11) Hagel III, et al.［2010］.（邦訳［2011］117頁。）

［参考文献］

Botkin, J. W.［1999］*Smart Business: How Knowledge Communities Can Revolutionize Your Company*, Free Press.（米倉誠一郎監訳・三田昌弘訳［2001］『ナレッジ・イノベーション：知的資本が競争優位を生む』ダイヤモンド社。）

Chon, K. and K. Weber［2014］*Convention tourism: International research and industry perspectives*, Routledge.

Cohen, D. and L. Prusak［2001］*In good company: how social capital makes organizations work*, Harvard Business School Press.（沢崎冬日訳［2003］『人と人の「つながり」に投資する企業：ソーシャル・キャピタルが信頼を育む』ダイヤモンド社。）

Convention Industry Council［2012］"The Economic Significance Study - Executive Summary,"〈http://www.conventionindustry.org/ResearchInfo/EconomicSignificance Study/ESSExecSummary.aspx（2015. 1. 27.）〉

Davis, S. and J. Botkin［1994］"The Coming of Knowledge-Based Business," *Harvard Business Review*（Sept.-Oct.）.（西山昭彦訳［2001］「知識の時代の企業戦略」D. タプスコット『ネットワーク戦略論』ダイヤモンド社。）

Drucker, P. F.［2002］*Managing in the Next Society*, St. Martin's press.（上田惇生訳［2002］『ネクスト・ソサエティ―歴史が見たことのない未来がはじまる―』ダイヤモンド社。）

Hagel III, J., J. S. Brown and L. Davison［2010］*The Power of Pull*, Deloitte Development LLC.（桜田直美訳［2011］『PULLの哲学―時代はプッシュからプルへ―成功のカギは「引く力」にある』主婦の友社。）

Hall, E. T.［1966］*The Hidden Dimension*, Doubleday & Company Inc.（日高敏隆・佐藤信行［1970］『かくれた次元』みすず書房。）

Hall, E. T.［1983］*The Dance of Life: The Other Dimension of Time*, Doubleday.（宇波彰訳［1983］『文化としての時間』TBS ブリタニカ。）

井上崇通・村松潤一編著［2010］『サービス・ドミナント・ロジック―マーケティング研究のへの新たな視座―』同文舘出版。

伊丹敬之［2005］『場の論理とマネジメント』東洋経済新報社。

Leonard, D. and W. Swap［2005］*Deep Smarts*, Harvard Business School Press.（池村千秋訳［2005］『「経験知」を伝える技術―ディープスマートの本質』ランダムハウス。）

Lovelock, C. and J. Wirtz［2000］*Service Marketing*, 6th ed., Pearson Education.（白井義男監修・武田玲子訳［2008］『サービス・マーケティング』ピアソン・エデュケーション。）

太田正孝［2008］『多国籍企業と異文化マネジメント』同文舘出版。

Hiller, H. H.［1995］"Conventions as mega-events: A new model for convention host city relationships," *Tourism Management*, 16(5), Elsevier Ltd.

Oppermann, Martin［1996］"*Convention destination image: analysis of association meeting planer's perceptions*," *Tourism Management* Vol. 17., Elsevier Ltd.

Prahalad, C. K. and V. Ramaswamy［2004］*The future of Competition*, Harvard Business School Press.（有賀裕子訳［2004］『価値共創の未来へ―顧客と企業の Co-Creation』ランダムハウス講談社。）

Pine II, B. J. and J. H. Gilmore［1999］*The Experience Economy*, Harvard Business School Press.（岡本慶一・小高尚子訳［2005］『新訳 経験経済：脱コモディティ化のマーケティング戦略』ダイヤモンド社。）

Skyrme, D. J.［1999］*KNOWLEDGE NETWORKING*, Elsevier Limited.（太田進一・阿辻茂夫・施學昌監訳［2005］『知識のネットワーキング』晃洋書房。）

Weber, K. and K. Chon［2002］"Trend and key issues for the convention industry in the twenty-first century," *Convention tourism: international research and industry perspectives*, Haworth Hospitality Press.

Weber, K. and A. Ladkin［2005］"Trends Affecting the Convention Industry in the 21 century," *Journal of Convention and Event Tourism*, 6:4, Taylor and Francis.

Wenger, E., R. McDermott and W. M. Snyder［2002］*Cultivating communities of practice ― A guide to managing knowledge*, Harvard Business School Press.（野村恭彦監修／櫻井祐子訳［2002］『コミュニティ・オブ・プラクティス：ナレッジ社会の新たな知識形態の実践』翔泳社。）

Wurman, R. S.［2001］*Information anxiety 2*, Que.（金井哲夫訳［2001］『それは"情報"ではない。』エムディエヌコーポレーション。）

（田中　裕一）

第10章

文化的距離の克服
―ラテンアメリカの「テレノベラ」のケーススタディ―

1. 文化的距離の概念とそのインパクト

　本章では，①ラテンアメリカの連続メロドラマであるテレノベラ（Telenovela）の世界進出をケーススタディとして取り込むことで，文化的距離が文化的製品の取引にどのような影響を与えるかを分析するとともに，②そのケーススタディの知見から引き出される，文化財の国際的取引に影響を与える「文化的距離」に関連する主要な決定要因の属性を明らかにする。

　国の間の距離という概念について述べる際には様々な側面またはレベルがある。だが近年，特に**文化的距離**に多くの学者から大きな関心が寄せられ，国際ビジネスのフィールド調査でも多く取り上げられてきた。文化的距離は「2国間の価値観，規範，行動の差」と定義することができる[1]。より狭義には，「宗教的信条，人種，社会規範，言語の違い」と考えることができる[2]。これらすべての側面は，消費者の選好に影響するため，2国間の取引に大きな影響を及ぼす可能性がある。社会科学では，すべての文化には**文化の普遍性**（cultural universals）として知られる共通の特徴があるといわれる[3]。とりわけ，言語，民族性，社会ネットワーク，宗教，社会規範である。これらはすべて一国の文化を形作り，特徴づける要素である。

　市場参入の決定[4]，参入形態の選択[5]および，外国市場での振る舞い[6]に対して文化的距離が与える影響を分析する目的で，文化的距離の概念を国際化のプロセスの様々な側面と結び付ける研究がいくつか行われてきた。

　「企業は文化が最も類似した国に参入する」[7]という結論に達した学者もいた。これはいわゆる「スカンジナビア派」によって述べられたウプサラ・プロセス・モデルによっても支持された[8]。この理論によれば，企業は特定の現地市場で経験を積んだ後で，文化的，地理的により近い他の外国市場に進出し，さらに文化的，地理的に遠い輸出先へと進出する傾向がある。外国の文化と価値観への適応

には時間とコストがかかると考えられており，自国の文化と外国の文化の間の違いによって「参入コストが増加し，さらに事業利益が減少するため，コアとなる能力を海外市場に移転する企業の能力が妨げられる」傾向がある[9]。他にも「スカンジナビア派」の説に似た理論がある。それは「文化的親和性理論」として知られ，企業が文化的に離れた国に投資する可能性はあまり高くなく，投資した際の業績は芳しくないと述べている[10]。確かに外国での事業実施は，企業が現地市場の環境を熟知していないため，より一層難しいものになる。

　これに対して，市場参入の決定に対して文化的距離が大きな影響を及ぼさないとする研究もいくつかある[11]。彼らによれば，経済的要素のような別の要素の方が文化的要素よりも市場参入にとって大きな決定要因となる。だが全体的には，ほとんどの研究において文化的距離と世界進出の間のマイナスの関係が示されており，もし選択が可能であるならば，企業は文化的に類似した国への参入を好むとしている。これまで述べた諸理論の結論は，主に工業製品の取引に基づくものであり，文化的製品の取引に対する文化的距離の影響についてなされた研究はほとんどない。

2. 文化財と国際取引

　企業の海外進出にとって市場参入戦略が重要であるのは，いくつかの決定が求められるからである。第一に**適切なターゲット市場の選択**，第二にそのターゲット市場において達成されるべき目標と目的の設定，第三に参入形態の選択，そして第四に，外国市場における企業の正しい振る舞いを監視する管理システムを最終的に実践するための，適切なマーケティング・プランの実施である。

　では，企業は新たな市場の選択に当たって，どのような要素を考慮するのであろうか。従来，ターゲット市場を定めるために最も広く用いられた技術は，いわゆるカントリー・ポートフォリオ分析（CPA）であった。この手法では国の経済の特徴（国のGDP，消費者の豊かさ，消費性向など）に基づいた潜在販売力の重要性が強調されるが，その他の重要側面は考慮されないため，海外進出における多くの失敗の原因となってきた。しかし，これら既存の諸理論は主として工業製品の取引に基づくものであり，文化的製品の取引に対する文化的距離の影響についてなされた研究はほとんどない。文化的製品の特質は，一般の工業製品やサ

ービスとは大きく異なる。

文化財は，制作国の文化とアイデンティティーが強く反映するため，非常に独特である。すでに述べたように，文化を定義することは，その複雑さのために多くの研究者にとって大きな困難を伴うものであった。文化的製品を定義しようとするときにも同じことが起こる。文化財という無形の製品を定義しようとする最初の試みの1つは，「一般消費者に向けられたものであり，彼らにとっては明確な実用的機能というよりは，美的または表現的機能を果たす非物質的なものである」[12]。文化的製品の範囲を明確にすることは難しいため，その定義に関する統一的合意は存在していない。そこで2005年に，UNESCOが図表10-1に示す多くの「中核的な文化財」と「関連の文化財」をリストアップした。UNESCOの分類によれば，「文化産業」が制作する製品が「中核的な文化的製品」であり，「創造産業」から生まれる製品は「関連の文化的製品」と捉えられる。

文化財の取引には制作国の文化的特徴も含まれるため，伝統的な工業製品の取引とは区別することができる[13]。グローバル化の進展に伴う異なる文化に対するニーズが増大した結果，文化的製品の国際取引も年々加速している。このセクターの成長とともに，関連する刊行物の数も増大し，「文化経済学」，「文化産業」などの概念も生まれている。にもかかわらず，伝統的な工業製品とサービスに関しては大量の文献が存在するのに比べて，文化的製品の取引に焦点を当てた文献はまだごくわずかしかない。こうした不均衡が生じる理由の1つとして，現存の伝統的な経済手法で文化産業を分析することの難しさが考えられる。文化的製品には大量生産による製品とは大きく異なる独特の特徴があるからである。

文化的製品の取引のほとんどは，いくつかの国（アメリカ，イギリス，中国，ドイツ，フランス）に集中しているといわれる。特にテレビ産業の場合は，制作と輸出を行う国もいくつかの少数の国に集中する傾向がある。これは主に，こうした国々の大規模な国内市場が財の制作と配給に関わるコストの削減に役立つという，「規模の経済」の論理に呼応していることによる。1970年代に大いに議論された「文化的従属性理論」（cultural dependency theories）では，アメリカのテレビ制作物の支配と，アメリカから国際市場への流れ，特に視聴覚産業が未発達な市場への片務的な流れに焦点が当てられていた。

しかしながら，文化財の国際取引は，このセクターの成長可能性の観点からみれば，先進国にとってだけではなく，途上国にとっても重要なものである。実際，最近では発展途上地域の多くの国が，この経済セクターで重要な役割を演じ

図表 10-1 文化統計領域の枠組み

文化領域						関連領域	
A 文化及び自然遺産（バーチャルも含む） ・博物館（バーチャルも含む） ・考古学及び歴史遺跡 ・文化景観 ・自然遺産	B 能・祝祭 ・芸能 ・音楽 ・祝祭 ・見本市 ・饗宴	C ビジュアル・アーツ・工芸 ・美術 ・写真 ・工芸	D 書籍・出版 ・書籍 ・新聞・雑誌 ・その他印刷物 ・図書館（バーチャルも含む） ・ブックフェア	E 視聴覚・双方向メディア ・映画・ビデオ ・テレビ・ラジオ（インターネット・ライブストリーミングも含む） ・インターネット・ポッドキャスト ・ビデオゲーム（オンラインも含む）	F デザイン・クリエイティブサービス ・ファッションデザイン ・グラフィックデザイン ・インテリアデザイン ・景観デザイン ・建築サービス ・広告サービス	G 観光 ・チャーター旅行と旅行サービス ・接客と宿泊設備	H スポーツ・レクリエーション ・スポーツ ・フィットネスと健康 ・アミューズメントパーク ・テーマパーク ・ギャンブル
無形文化遺産 （口頭伝承、口頭表現、儀式、言語、社会的慣行）						無形文化遺産	
教育・訓練						教育・訓練	
記録・保存						記録・保存	
器具・支援機材						器具・支援機材	

出所：UNESCO 文化統計の枠組み、2009 年。

始めており，もはや「米国の文化帝国主義」として知られる米国の文化的製品による市場支配はあてはまらなくなっている。

距離の概念を**文化財の国際的取引**と結びつける試みから導き出される結論には，以下のものがある。

① 共通の言語を話すか，過去の植民地としての繋がりがあることが，2国間の文化財の流れにプラスの影響を与える。

② これに対して，国の間で文化的類似性が共有されない取引の場合には，距離がマイナスの影響を与える。

さらに，視聴覚産業から生まれる文化的製品については，視聴者が文化的に類似する番組に引きつけられることが想定される[14]。また，視聴者は母国のものとは異なる文化的価値観を含む番組をなかなか受け入れない傾向がある。この現象はホスキンズ (C. Hoskins) とミルス (R. Mirus) によって (1988 年) 文化的割引 (cultural discounts) と名付けられた。

第3節では，これらの記述がすべて妥当であるかを判断するために，ラテンアメリカ地域からの文化的製品（ラテンアメリカの連続メロドラマ）の世界進出についてのケーススタディを紹介する。

3. ケーススタディ：ラテンアメリカの「テレノベラ」

(1) 背　景

発展途上地域の多くの国にとって，最大の輸出シェアを占めるのは商品輸出である。ラテンアメリカ諸国の場合には，輸出は農業セクターと強いつながりがある。しかし，この数十年にわたり同地域で開発され，既存の商品セクターとも関連しない製品が世界市場に非常に急速かつ順調に進出してきた。「テレノベラ (Telenovela)」（ラテンアメリカの連続メロドラマ）がそれである。この製品の魅力と独自性は，文化的エッセンスがその特徴となっている点にある。そこにはラテンアメリカの人々の生活と習慣が色濃く反映されており，まさに文化的製品と定義できる。当然のことながら，テレノベラに適用される輸出戦略と市場参入戦略は，既存の製品やサービスに関連するその他の輸出品とは異なってくる。

テレノベラは世界市場に進出していて，今では南北アメリカ大陸のスペイン語圏，ブラジル，スペイン，ポルトガル，米国のスペイン語コミュニティだけでなく，世界の様々な国々でも視聴されている。世界中で広く受け入れられていることを示す数字として，現在の視聴者は20億の大台に達したといわれている。日本でも最近，南米産ではないが，スペイン制作のテレノベラである「情熱のシーラ（El tiempo entre costuras）」がNHKで放映されている。

　文化的に類似した市場でのテレノベラの成功は驚くことではないが，最も興味深いのは，ラテンアメリカ文化とは文化的背景を明らかに共有していない国々で人気を博していることである。こうしたラテンアメリカの文化的製品が実に様々な市場で，どのようにしてそれほど大きな成功を収めたのであろうか。また，その成功に影響を及ぼした主たる決定要因は何であろうか。

　以下の項では，ラテンアメリカの連続メロドラマの世界進出を，様々な外国市場での成功に寄与した決定要因に焦点を絞って分析してみる。

 (2)「テレノベラ」とは何か

　「テレノベラ」はラテンアメリカ地域で生まれ，本来は同地域のテレビ限定放映のために制作された連続メロドラマである。「テレノベラ」という概念は，「テレビジョン（Television）」と「ノベラ（Novela；英語のNovelle［小説］）」という2つのスペイン語の単語が一緒になった造語である。「テレノベラ」はプロットが小説のそれに非常によく似ているという意味ではテレビ化された小説であり，明確な始まり，中間，終わりがある。年々プロットが拡大されているが，当初はほとんどが古典的なシンデレラ物語のバリエーションだった。だが近年では，政治的，社会的，さらには人種問題まで含まれるようになった。一例として，ブラジルの「テレノベラ」には，国内での富める者と貧しい者の間の大きなギャップを生んだ社会問題が含まれる傾向がある。コロンビアの「テレノベラ」の場合には，この国で未解決の問題である麻薬取引に絡んだ問題がプロットに含まれることが多い。さらなる特徴は，実際のテレノベラを観賞すると容易に理解できるが，たとえ中核となるプロットがオリジナルのままであっても，「テレノベラ」を制作するそれぞれの国の社会と文化が反映される傾向が強い。例えば，コロンビア原産のテレノベラが海外輸出用にメキシコでリメークされると，メキシコの文化的価値やパターンが反映することになる。

(3)「テレノベラ」の主要制作国

　ラテンアメリカのメディア企業は年々，規模ばかりではなく，提供する制作物の質においても成長してきている。そして，その収入の大きな部分を占めているのは，最も人気が高く，同時に最も成功している「テレノベラ」である。「テレノベラ」が最初に制作された国はキューバだが，1960年代，1970年代にメキシコ，ブラジル，ベネズエラに制作拠点が確立されたことで，これら3国が主要制作国となった。しかし，ベネズエラの「テレノベラ」の人気と制作本数は年とともに衰えた。今では規模だけでなく制作物の外国市場への進出の成功の程度においても，メキシコとブラジルが地域のリーダーとして君臨している。メキシコとブラジルの大きな成功はそのメディア産業の力によるものである。両国とも巨大企業に支えられ，その経済力によって質の高い作品を制作できるだけでなく，世界市場での競争力を高めることができた。

　メキシコ製「テレノベラ」は，多分外国での人気の方が高いであろう。スペイン語圏の国の中で最大のメディア企業であるテレビサ（Televisa）社が，ほとんどの「テレノベラ」を制作している。ライバルのアステカテレビ（TV Azteca）も「テレノベラ」を制作しているが，テレビサ社が最も多くのメキシコ製「テレノベラ」を外国に輸出しており，その輸出先は100を超える。現在，テレビサ社は多様な番組を提供しているが，そのとどまることを知らない成長を主に支えてきたのは，世界市場でヒット番組となっている連続メロドラマの成功である。1990年代の終わりには，テレビサ社は「テレノベラ」がメキシコの主要輸出品であるとまで断言していた。さらに2010年には，テレビサ社は，重要性と規模の両面において米国最大級のスペイン語テレビネットワークである「ユニビジョン」とも提携し，その多くの作品がアメリカ市場で確実に放映されるようになった。

　ブラジル製「テレノベラ」の場合には，ラテンアメリカ最大で，米国のCBSとNBCに次ぐ世界第3位の商業テレビネットワークである巨大メディア制作企業グローボ（Globo）社が，そのほとんどを制作している。ブラジル製の「テレノベラ」は，アメリカの同業企業にも引けを取らないグローボ社の先進的な巨大制作施設の支援により，作品の質が高いことで知られている。ベストセラーとなっている連続メロドラマは，Terra Nostra（「我らが土地」84カ国で放映権が販売された），Escrava Isaura（「奴隷のイサヴラ」79カ国で放映権が販売され

た), Laços de Família (「家族の絆」66 カ国で放映権が販売された), Sinhá Moça (「ミス」62 カ国に販売された) などである。

 (4)「テレノベラ」の世界進出：進出の4段階モデル

　ラテンアメリカの連続メロドラマは 1960 年代以降発展を続け，世界市場での成功のおかげでラテンアメリカの最も成功した輸出品の 1 つになった。「テレノベラ」はその誕生からすぐに自国市場で大きな成功を収めた。「テレノベラ」の国内収入が制作コストをカバーするだけでなく利益もあげることができるので，当然のことながら，ラテンアメリカのメディア企業にとっては国外進出のための努力をする必要もなければ，海外市場は追加の利益を上げる際の選択肢の 1 つとしか見られていなかった。パールミュッターの EPRG プロファイルが示唆したように，かつての米国企業が海外現地オペレーションを本国オペレーションの従属的存在と捉えていたのと同様，テレノベラ制作企業の多くも海外進出について消極的であった。

　そうした中，特に 1980 年代になると，ラテンアメリカのメディア企業の海外進出に追い風となる複数の要因が現れた。最も明らかな要因は，テレノベラを制作するラテンアメリカ企業が，海外進出することで同一製品から重複して収入を上げることができるアドバンテージに気づいたことであろう。バーノンの国際製品ライフサイクル理論がもたらす恩恵である。また，ラテンアメリカ諸国の多くは 1980 年代に自国の通貨を切り下げたため，外貨収入が急速に魅力的なものとなったことも大きく影響している。さらには，自分たちの製品が海外で認知されることで，他の国際的なメディア企業との提携の可能性が大きくなるからである。

　最初に輸出されたラテンアメリカの「テレノベラ」は，1970 年代のメキシコとベネズエラからのものであったが，1980 年代に入ると「テレノベラ」の輸出量は増し，輸出元の国も多様性を増した（ブラジル，コロンビア，アルゼンチン，プエルトリコなどから）。しかし，輸出元の国がどこであるかに関係なく，ラテンアメリカの「テレノベラ」はまさに同じパターンで海外進出したのである。「テレノベラ」の世界進出は連続的な 4 つの段階からなり，異なるターゲット市場と異なる参入市場決定要因がそれぞれの段階での特徴となっている。

　図表 10-2 は「テレノベラ」の海外進出の 4 段階モデルの枠組みである。第 1

段階では,「テレノベラ」は現地で制作され,次にラテンアメリカ地域の他の国に輸出された。これらの連続メロドラマの人気の高まりをレバレッジにして他の大陸のスペイン語圏諸国へと拡大した。スペイン語の「テレノベラ」がスペインに輸出される一方で,ポルトガル語の「テレノベラ」(ブラジルで制作される)はポルトガルに販売された。これを世界進出の第2段階と考えることができる。第3段階では,「テレノベラ」が,アメリカのような非スペイン語圏および非ポルトガル語圏の国々へ輸出された。このケースでは,「テレノベラ」はそうした場所に居住するラテンアメリカ系移民(ラティーノ;Latino)の中で大きな成功を収めた。世界進出の最後となる第4段階では,「テレノベラ」は地理的に離れた東欧や南アジア諸国のような,表面的にはラテンアメリカと共通の文化的背景のない市場にも輸出された。

　この4段階にわたる世界進出のおかげで,「テレノベラ」は世界の多くの地域で人気を博するようになった。では何が「テレノベラ」の世界進出に寄与したのであろうか。そしてより具体的には,各段階における「テレノベラ」の海外進出成功における主要な決定要因は何だったのであろうか。次項では市場参入に際しての主要な決定要因の分析を試みる。

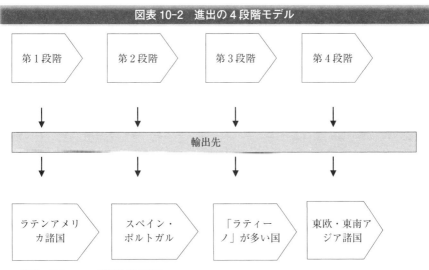

図表10-2　進出の4段階モデル

出典:Takayama [2013] 61-78頁。

(5) 市場参入の主要な決定要因

4段階のすべてにおいて,「テレノベラ」は「類似市場」と呼ばれる市場へ進出しているが, 興味深いことに, この類似性は各段階によって異なっている。各段階に影響を与える要素の概要は図表10-3の通りである。

第1段階では, 自国の市場で成功を収めた後,「テレノベラ」は同じラテンアメリカ大陸の近隣諸国へ進出した。隣接諸国への販売が世界進出の第一歩であったが, 輸出国と輸入国が共通言語を話し, さらに価値観と社会規範も非常に類似していたため参入は非常に容易だった。同時に, ターゲットとなった国はいずれも, 開発途上国においてはごく一般的な社会・経済問題である貧困, 社会的不平, 失業, 経済危機, 政治的不安定, 汚職といった同様の問題に苦しんでいた。そのため視聴者は, こうした現実のすべてを反映した「テレノベラ」の内容に容易に共感することができたのである。

第1段階での「テレノベラ」の成功は第2段階での進出につながった。「テレノベラ」がラテンアメリカ地域で一度有名になると, ヨーロッパの国々に売れ始めたからである。興味深い点は, 過去に植民地としてのつながりをラテンアメリカ地域と共有した国に販売されたことである。ラテンアメリカの国々はほとんどがスペイン帝国の旧植民地だったため, スペイン語の「テレノベラ」はスペイン

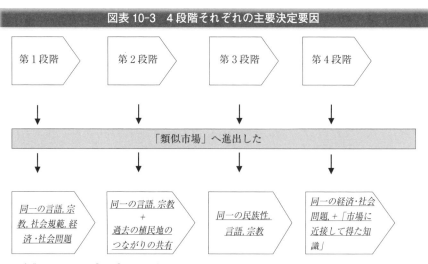

図表10-3 4段階それぞれの主要決定要因

出典:Takayama [2013] 61-78頁。

に輸出された。両文化間の強いつながりは，ラテンアメリカ地域の多くの国で，スペイン人の子孫が高い割合で存在することによっても強化されてきた。ポルトガル語を公用語とするブラジルはポルトガルの旧植民地であり，言語を共有しているため，ブラジルで制作されるポルトガル語の「テレノベラ」が旧ポルトガル帝国へと輸出された。言語的な遺産が，ヨーロッパの両国における「テレノベラ」の成功を支援する重要な要素となったという意味では，第2段階は主に類似の文化，言語をもつ市場への進出と定義できる。さらに第2段階では，「テレノベラ」が地理的障壁を克服して別の大陸の市場に参入できただけでなく，経済・社会問題がラテンアメリカの国々とはさほど似ていない国の視聴者を引き付けることもできた点で重要な意味をもつ。経済的にさほど似ていない市場への参入における文化的要素の重要性，特に言語の重要な役割が明らかになった。

　第3段階では，「テレノベラ」が米国（特にテキサス，カリフォルニアといった境界州）のような非スペイン語圏の国へ輸出された。輸出国が輸入国と文化的類似性はないが，輸入国に住む大量の「ラティーノ」（ラテンアメリカ系移民）がこの段階での「テレノベラ」の進出の成功に貢献した。この移民集団が依然として母国の習慣と文化を保持しているため，第3段階での市場参入戦略においても文化的要素が決定要因となった。米国に住む「ラティーノ」はいまだに母文化に大きな愛着をもっている。選択の余地があればラテンアメリカ地域からの番組の方を好む傾向があり，当然のことながらスペイン語の番組を好む。ラテンアメリカのテレビ番組に関するこのような選好の一例として，国内の大量のラテンアメリカ系視聴者にリーチするために，スペイン語番組（輸入されたものと現地で制作されたものの双方）を放送する米国の企業であるユニビジョン（Univision）とテレムンド（Telemundo）の2つのチャンネルが米国で設立された。このこともまた，視聴者の選好プロセスにおいて，言語がいかに重要な役割を果たすかを示している。

　世界進出の最終段階である第4段階は，最も興味深い段階といえる。この段階では「テレノベラ」は，東欧諸国（ブルガリア，チェコ，ハンガリー，モルドバ，ポーランド，ルーマニア，ロシア，スロバキアなど）や東南アジア諸国（インドネシア，マレーシア，タイなど）のような地理的に離れた地域へ進出したからである。以前のどの段階でも，文化的要素（そして特に言語）が市場参入の決定要因だったが，第4段階のターゲット国の多くはラテンアメリカと文化的な類似性がないといえる。では，これら諸国の視聴者はなぜラテンアメリカの「テレ

ノベラ」に引きつけられたのであろうか。

　第一に，文化的類似性は低いが世界進出の第1段階と同じように，経済・社会的に類似した問題を抱える開発途上国に進出したことであろう。東欧と南アジアのほとんどの国は，ラテンアメリカ諸国と同様に社会・経済的な不平等，汚職，経済危機，治安の問題，貧困などに苦しんでいるため，視聴者が番組のプロットを容易に理解し，さらに共感できたことが「テレノベラ」を受け入れた重要な理由と考えられる。

　第4段階で「テレノベラ」が一定の国々にうまく参入できた背景には，他にも重要な要素があった。例えばロシアの場合は1980年代終盤の共産主義崩壊の直後であり，テレビネットワークは，それまで国や州によって承認された番組の代わりとなる番組を探そうと躍起になっていた。すなわち，「テレノベラ」はある種の「市場の空白」に対して，その価格競争力を武器に一気に市場参入したのである。こうした「テレノベラ」の多くは，すぐに多くの視聴者を獲得していった。

　ロシア市場での成功という地理的に遠く離れた市場への売り込みの経験を積んでから，次のステップとして「テレノベラ」は他の旧ソ連諸国（ベラルーシ，エストニア，アゼルバイジャン，ラトビア，モルドバ，ウクライナなど）への進出を開始した。本ケースでは，ロシアでの「テレノベラ」の成功が他の類似市場（すなわち，ロシアと類似の文化をもつ他の旧ソ連諸国）への参入の鍵となったという意味では，「市場に近接して得た知識」[15]に該当する。この考えの根拠として，「テレノベラ」のような文化的製品については，ある消費者の現在の消費性向は彼もしくは彼女の過去の経験によって決定されるからである。つまり，過去との類似性が文化的製品の外国市場での急速な進出に役立つということである。

　第4段階ではすべての輸出先において同様の文化が共有されているわけではなく，ラテンアメリカ諸国と同じ言語が話されてもいなかったため，文化的距離の障壁を克服する代替手段として吹き替えや字幕が必要となったことはいうまでもない。

4．おわりに

　本章では，近年，国際ビジネス研究者を中心に大きな注目を集めている距離の概念の最重要側面ともいうべき文化的距離が，ビジネス取引にいかに影響するかを理解するために，ラテンアメリカを代表する文化的製品としてグローバル成長著しい「テレノベラ」の世界進出を分析した。テレビ番組の視聴に関する多くの先行研究では，視聴者は選択が可能ならば輸入番組よりも現地で制作された番組を選好すると言われてきたが，「テレノベラ」のケーススタディは，それが必ずしも正しくないことを示している。「テレノベラ」は世界の多様な市場への進出を成功させることができたからである。

　文化的距離を「テレノベラ」の世界進出と関連付けるならば，言語，社会規範，宗教，民族性といった属性が，最初の3つの段階において確実に影響していた。とりわけ言語が，輸出先での視聴者の受容の獲得に大きく影響することが分かった。最初の3段階では，ある種の「言語中心」の国際化プロセスが確認された。確かに，言語の違いが取引の妨げとなることはあるが，ゲマワット（P. Ghemawat）が指摘するように，言語の共有が世界進出を促進することもある。シンクレア（J. Sinclair）が言うように，テレノベラの進出はスペイン語を話す視聴者の増加の恩恵を受けてきたからである[16]。言いかえれば言語的要素は，TV番組のように言語のウエイトが高い製品の取引においては，参入戦略の構築次第でプラス，マイナスの双方において大きなインパクトを与えると考えられる。

　他方，世界進出の最終段階である第4段階では，ターゲット国における「テレノベラ」の成功に大きな影響を与えたのは，文化的距離の概念に関連した属性ではないことが示された。ロシアならびに旧ソ連から独立した諸国，東欧諸国，南アジア諸国への「テレノベラ」の市場参入においては，文化的距離よりも経済・社会的距離の影響の方が大きいことが確認できた。また，第3段階までは言語の要素が極めて重要であるが，最終段階では経済・社会的コンテクストに訴求できれば，言語の障壁は吹き替えや字幕によって克服しうる可能性があることも確認できた。

　要約すると，本ケーススタディの結果から，文化的距離は輸出先を選択する際に考慮すべき重要な概念であることが示唆される。具体的には，言語，社会規範，習慣，旧植民地としての繋がりの共有，さらには輸出先における大量の移民

の存在によって文化的製品の取引が容易になりうる。しかしながら，文化的距離を絶対的かつ排除的な概念と捉えるべきではない。距離に関する他の側面（CAGE モデルで述べられる経済的，行政的，地理的など）もまた市場参入決定プロセスにとって重要であり，海外市場の選択においては戦略的に考慮する必要がある。言いかえれば，テレノベラのような文化的製品の販売における成功の鍵は，世界の視聴者をコンテクストの共有を通じてプロットに共感させる能力にあると考えられる。

［注］

1) Shenkar［2001］.
2) Ghemawat［2001］.
3) 文化の普遍性とは，どの国にも例外なくあり，文化の概念に含まれる言語，信仰，社会的価値観などのような資産のことをいう。
4) Grosse and Trevino［1996］.
5) Barkema, et al.［1996］.
6) Gomez-Mejia and Palich［1997］.
7) Johanson and Vahlne［1997］.
8) Johanson and Wiedersheim-Paul［1975］.
9) Palich and Gomez-Mejia［1999］.
10) Lee, et al.［2008］.
11) Benito and Gripsrud［1992］.
12) Hirsch［1972］.
13) Maystre, et al.［2008］.
14) Straubhaar［1991］。
15) ミトラとゴルダーによって作られたこの「市場に近接して得た知識」という概念では，すでに活動している市場に類似した市場への企業のアクセスが比較的容易なものになる傾向があることが述べられている（Mitra and Golder［2002］）。
16) Sinclair［1999］.

［参考文献］

Barkema, H. G., J. H. Bell and J. M. Pennings［1996］"Foreign entry, cultural barriers, and learning," *Strategic Management Journal*, 17(2).

Benito, G. and G. Gripsrud［1992］"The Expansion of Foreign Direct Investments: Discrete Rational Location Choices or a Cultural Learning Process?," *Journal of International Business Studies*, Palgrave Macmillan, vol. 23(3).

Boisso, D. and M. Ferrantino［1997］"Economic distance, cultural distance and openness in international trade: Empirical puzzles," *Journal of Economic Integration* 12.

Disdier, A. C., S. H. T. Tai , L. Fontagné and T. Mayer［1999］"Bilateral trade of cultural goods," *Review of World Economics*, 145.

Dunning, J. H.［1993］*Multinational enterprises and the global economy*, Wokingham: Addison-Wesley.

Ferguson, M.［1992］"The mythology about globalization," *European Journal of*

第 10 章　文化的距離の克服　　147

Communication, 7.

Ghemawat, P. [2001] "Distance still matters: The hard reality of global expansion," *Harvard Business Review*, 79(8).

Gomez-Mejia, L. R. and L. E. Palich [1997] "Cultural diversity and the performance of multinational firms", *Journal of International Business Studies* 28.

Grosse, R. and L. J. Trevino [1996] "Foreign direct investment in the United States: an analysis by country of origin", *Journal of International Business Studies* 27.

Harzing, A. W. K. and A. J. Feely [2008] "The language barrier and its implications for HQ-subsidiary relationships. Cross Cultural Management," *An International Journal*, 15(1).

Hirsch, P. [1972] "Processing Fads and Fashions: An Organization-Set Analysis of Cultural Industry Systems," *American Journal of Sociology*.

Hofstede, G. [1980] *Culture's consequences: International differences in work related values*. Beverly Hills, CA: Sage.

Hofstede, G. [2001] *Culture's consequences: International differences in work-related values* (2nd ed.), Beverly Hills: Sage.

Hoskins, C. and R. Mirus [1988] "Reasons for U. S. dominance of the international trade in television programmes," *Media, Culture and Society*, 10.

House, R. J., P. J. Hanges, M. Javidan, P. Dorfman and V. Gupta [2004] *Culture, leadership, and organizations: The GLOBE study of 62 societies*, Thousand Oaks, CA: Sage.

Hutchinson, W. K. [2002] "Does ease of communication increase trade? Commonality of language and bilateral trade," *Scottish Journal of Political Economy* 49.

Hymer, S. H. [1960]. *The international operations of national firms:A study of direct foreign investment.* Cambridge, MA: MIT Press.

Johanson, J. and J. E. Vahlne [1977] "The internationalization process of the firm: A model of knowledge development and increasing foreign market commitments," *Journal of International Business Studies*, 8(1).

Johanson, J. and F. Wiedersheim-Paul [1975] "The internationalization of the firm - Four Swedish Cases," *Journal of Management Studies*, 12.

Kogut, B. and H. Singh [1988] "The effect of national culture on the choice of entry mode," *Journal of International Business Studies*, 19(3).

Lee, S., O. Shenkar and J. T. Li [2008] "Cultural distance, investment flow and control in cross-border cooperation," *Strategic Management Journal*, 29.

Luo, Y. and O. Shenkar [2006] "The multinational corporation as a multilingual community: Language and organization in a global context," *Journal of International Business Review*, 37(3).

Marschan-Piekkari, R., L. Welch and D. Welch [1997] "Language the forgotten factor in multinational management," *European Management Journal*, 15.

Maystre, N., J. Ollvler, M. Thoenig and T. Verdier [2008] *Product-based cultural change. Is the village global? Manuscript*, University of Geneva.

Mitra, D. and P. N. Golder [2002] "Whose Culture Matters? Near-Market Knowledge and Its Impact on Foreign Market Entry Timing," *Journal of Marketing Research*, vol. 39, no. 3.

Palich, L. E. and L. R. Gomez-Mejia [1999] "A theory of global strategy and firm efficiencies: considering the effects of cultural diversity," *Journal of Management* 25 (4).

Schwartz, S. H. [1992] "Universals in the content and structure of values: Theoretical advances and empirical tests in 20 countries," *Advances in Experimental Social*

148 第Ⅱ部 事 例 編

Psychology, 25(1).

Schwartz, S. H. [1994] "Beyond individualism/collectivism: New cultural dimensions of values," U. Kim, H. C. Triandis, C. Kagitcibasi, and G. Yoon (eds), *Individualism and collectivism: Theory, method, and applications*, Thousand Oaks, CA: Sage.

Shenkar, O. [2001] "Cultural distance revisited: Towards a more rigorous conceptualization and measurement of cultural differences," *Journal of International Business Studies*, 32 (3).

Sinclair, J. [1999] *Latin American television: A global view*, New York: Oxford.

Straubhaar, J. [1991] "Beyond Media Imperialism: Asymmetrical Interdependence and Cultural Proximity," *Critical Studies in Mass Communication*, 8.

Takayama, P. [2013] "Effects of the concept of cultural distance on the international trade of 'telenovelas'," *Journal of the Japan Society of Social Science on Latin America*, No. 47.

Trompenaars, F. and C. Hampden-Turner [1998] *Riding the Waves of Culture*, 2nd ed., McGraw-Hill: New York.

West, J. and J. L. Graham [2004] "A linguistic based measure of cultural distance and its relationship to managerial values," *Management International Review*, 44(3).

UNESCO [2005] *International flows of selected cultural goods and services, 1994-2003*, Montreal:UNESCO Institute for Statistics.

UNESCO [2009] *UNESCO Framework for Cultural Statistics*, Montreal: UNESCO Institute for Statistics.

（高山 パトリシア ベレン）

第11章

銀行ビジネスとグローバル人材

1. 銀行ビジネスのパラダイムシフト

 (1) 銀行ビジネスにも環境の変化が起きている

　これまで国内需要を中心に発展してきた時代の日本の銀行は、いわゆる護送船団方式にみられる「横並び」モデルによって成長してきた。海外への進出形態も「横並び」であると同時に、それぞれの顧客企業の海外進出に追随して多国籍化する「フォローワー型」モデルでもあった。しかし、いまや海外市場においては、リーマンショックにはじまる欧米系銀行のクレジット低迷に伴い、日本の銀行にとっての収益の源泉も、非日系企業が日系企業を超え、従業員数もローカルスタッフが日本人スタッフに匹敵する状況となっている。

　メーカーをはじめとする日系事業会社も買収等による海外での業容拡大に伴い、マネジメントの現地化や現地への権限委譲が進んできている。日系事業会社の窓口やキーマン、さらにはトップのローカル化により、日本の銀行の海外での業務も従来のように本邦親会社とのリレーションシップだけでは外国銀行や地場銀行に対する競争優位を維持できなくなり、新たなビジネスを取り込むことも困難な状況になっている。

 (2) 海外において顧客が銀行にもとめるもの

　近年では新興市場の拡大により、日系事業会社の経理・財務の資金管理体制にも変化がみられる。従来は、親会社による中央集権的な管理が中心であったが、近年では、現地への経理・財務の権限委譲や地域統括会社による地域ベースでの経理・財務管理体制構築の動きも顕著にみられるようになった。これに呼応する

ように，銀行ビジネスも国単位から地域単位，そしてグローバル単位での共通サービスを要請される傾向にある。

また，一方で，海外での業務を拡大すればするほど，各現地市場でのローカル対応の重要度が増している。特にアジア新興市場においては，通貨，規制，政治面の不安定さもあり，よりローカルに根ざした対応が必要とされる。クライアントが非日系企業が過半数を占めるということは，銀行サービスも日本語だけではなく，英語・現地語での対応が必須となるし，より一層現地のニーズに対応したサービスの提供が求められている。

「金融サービス業は，ステークホルダーである「顧客」「行員」「社会」そして「株主」に支持されて初めて価値を発揮できる。つまり，ステークホルダーが住む国の行動・思想・価値観・慣習に応えた銀行モデルでなければ，表面的な仕組みや技術だけを模倣してもステークホルダーに受け入れられるものではない」[1]。

こうした日系企業のグローバル化の進展に伴い，銀行ビジネスにおいては，海外現地での資金決済をサポートする「トランザクション・バンキング」のニーズ

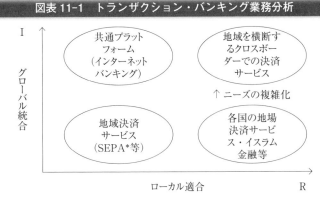

図表 11-1　トランザクション・バンキング業務分析

出所：IR フレームワークを応用して筆者作成。

＊SEPA: Single Euro Payments Area 単一欧州支払地域の略。ユーロ圏の全域にわたって，ユーロの資金移動を迅速・安価・安全に行えるようにし，ユーロ導入のメリットをフル享受することを目指したもの。SEPA が実現すれば，すべてのユーロ建てのリテール取引について，EU 域内のクロスボーダー決済と国内決済の差異がなくなることになる。対象国は欧州連合（EU）加盟国 27 カ国，及びアイスランド，リヒテンシュタイン，ノルウェー，スイス，モナコの合計 32 カ国。

が近年増加している。「トランザクション・バンキング」とは，一般的にはあまり聞き慣れない言葉である。具体的には，送金による各種支払業務や資金回収，貿易決済，インターネットバンキングによる口座のモニタリングなどキャッシュマネジメント全般を取り扱うビジネスである。世界的な金融危機の後，リスクの高い投資銀行業務を縮小する欧米主要銀行が，安定収益を見込める新分野として注目している。日系企業の海外進出に伴い，その市場は約3兆円ともいわれ，銀行ビジネスの中では，近年めずらしいエマージング業務といわれている。特にアジア市場での成長が著しく，内外の各銀行が注力している分野なのである。

　日本のメガバンク3行もそろって，当該業務を増強し，新しい事業部や組織を新設している[2]。しかし，そのトランザクション・バンキングにおいても，インターネットバンキングに代表されるシステム商品やその機能面（ハード面）だけではなく，現地スタッフによるサポートやスピーディーな対応といった，よりローカルに根ざした対応（ソフト面）が銀行選別の重要なファクターの1つになっている。

　本章では，このトランザクション・バンキングにフォーカスを当てながら，アジア新興市場において同ビジネス分野で先行する外国銀行の強みは何か，それは日本のメガバンクと何が違うのか，さらにはどのような仕組み（組織，人材マネジメント）でその強みを実現しているのか，について特に異文化マネジメントの観点から考察してみたい。

2. なぜ，銀行の競争優位の源泉は「人」なのか

　銀行の取扱う商品やサービスは，貸出，預金，決済，為替，デリバティブなど，メーカーに比べて商品サービスのラインナップはどこもほぼ同じであり，競合他行との差別化がしづらく，模倣も比較的容易である。その中でも顧客の海外での事業展開において，必要不可欠である決済サービスを提供するトランザクション・バンキングは，インターネットバンキングに代表されるように，システム・商品ビジネス的な要素が極めて強い業務分野である。しかし，競合の対象となる他行のインターネットバンキングの仕様や性能が分かりやすく，比較しやすく，模倣されやすいため，イノベーションの機会も少なく，競争優位の維持が困難といわれる。

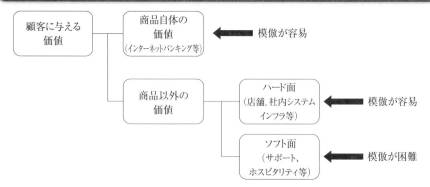

図表 11-2　銀行の競争優位の源泉の考え方

出所：宮本［2013］17 頁図表を基に筆者が加筆作成。

　こうした中，現在，トランザクション・バンキングにおいて，顧客から求められるものとしては，地域や国を問わず均一で正確な事務，スピーディーかつきめ細かな照会対応，24 時間 365 日の安定したサービス提供といったサービスビジネス的なリクエストの度合いが従来よりも増えている。これらの大半は銀行がもつ特殊な無形資産であり，「人」を軸にしたものともいえる。このことから，日本のメガバンクが，ハード面（商品やシステム）で先行する欧米のトップバンクに対抗していくためには，ソフト面（サービスビジネス的な要素）でのアプローチが重要であり，今後，ますます複雑化するグローバル市場においては，さらにその重要度が増してくると考える。

　図表 11-3 は，2013 年に事業法人を対象として海外から資金調達をする際にどの金融機関を最も利用しますかというアンケート調査の結果である。日本のメガバンクは，資産規模でいえば世界のトップクラスであり，海外拠点網も相応にあるが，海外での売上規模は 3 割に満たない。また外国人のマネジメント層への登用もわずかである。そこで次節では，トランザクション・バンキング分野でトップといわれる香港上海銀行（HSBC）の事例について，拠点網，システムインフラや金融商品といったモノ（ハード面）の面からではなく，「人」「見えざる資産」（ソフト面）といったサービスビジネスの観点からみてみたい。

第11章 銀行ビジネスとグローバル人材　153

図表 11-3　事業法人を対象としたキャッシュマネジメントに関するアンケート（2015 年）

世界

2015	2012	Bank
1	1	HSBC
2	2	Citi
3	3	Deutsche Bank
4	5	BNP Paribas
5	4	Bank of America Merrill Lynch
6	7	Unicredit
7	10	Standard Chartered
8	9	JPMorgan
9	8	Commerzbank
10	N.A.	Bank of Tokyo Mitsubishi UFJ

アジア

2015	2012	Bank
1	1	HSBC
2	7	Bank of China
3	2	Citi
4	3	Deutsche Bank
5	4	Bank of America Merrill Lynch
6	5	BNP Paribas
7	6	Standard Chartered
8	N.A.	ICBC
9	N.A.	Bank of Tokyo Mitsubishi UFJ
10	N.A.	China Citic Bank

出所：EuroMoney［October 2015］.

3．事例：香港上海銀行（HSBC）

　筆者は早稲田大学大学院商学研究科在籍中（2013 年）に，トランザクショ
ン・バンキングにおける人的資源の重要性ならびに異文化マネジメントの観点か
ら調査を行い，欧米銀行をはじめとする現役行員へのインタビューを実施。その
結果，香港上海銀行（HSBC）の事例研究からは以下の2つのことが浮かび上が
った。

　① 進出形態がビジネス戦略に影響している。その結果，中央集権と分権化の
　　バランスがとれている。

② 海外進出の過程において，このバランスをとる役割を担う人材を育成している。こうした人材が本店（本国）と支店（海外拠点）をつなぐマグネットのような役割を担っており，戦略の浸透や遂行，知識の集約，知識移転を効果的に進展させている。さらには，これらの人材を支える標準化されたシステムや組織，キャリアパスがグローバル規模で整備されている。

以上のことから，競争優位の源泉が「人」を軸とする人材マネジメントである可能性が高いという結論を導くことができた。以下，これら2つの項目について詳しく議論していく。

(1) 概　　要

香港上海銀行（HSBC: The Hong Kong and Shanghai Banking Corporation Limited）は1865年，当時英国の植民地であった香港に設立され，主にアジアの植民地間における貿易金融，外国為替取引を主要業務とした。19世紀後半から20世紀初頭にかけて，中国，日本，インド，東南アジアに店舗を展開し，アジア地域最大級の銀行として発展した。

HSBCは「The world's local bank」を標榜しており，現在ではアジア太平洋地域とヨーロッパ，アメリカを中心に世界73カ国に6千を超える店舗をもち，リテールおよび法人向けの業務を展開している。時価総額では欧州最大。また，欧米銀では，米Citiや英Standard Charterdもアジアにプレゼンスを有するが，トランザクション・バンキングの分野ではHSBCがトップである。

(2) 進出形態の特徴

創業の主たる目的が香港，中国本土，日本を中心とするアジア域内交易に伴う貿易金融と外国為替取引の提供であり，設立時から貿易金融を主業務とする国際的な金融機関であった。つまり設立当初から海外での業務展開を目的としていたのである。また，リスクを分散させることを海外展開の原則としている結果として，成熟した先進国市場から得る安定的な利益と，高成長ではあるが不安定な新興市場からの利益を5割ずつに均衡させている。

ブライアント（R. C. Bryant）は，金融機関の多国籍化に関する行動要因を分析

して，「リーダー型」，「エスケープ型」，「フォローワー型」の３つのタイプに整
理した[3]。まず「リーダー型」とは，銀行が進出先の地場銀行より優れたサービ
スを提供できる場合，その優位性を活かし，新たな収益機会を獲得するために海
外へ進出するという仮説である。次に「エスケープ型」とは，銀行が自国の金融
規制・監督を回避して，より規制の緩やかな市場でビジネスを行うために海外へ
進出するという仮説である。最後に「フォローワー型」とは，当該銀行の自国の
顧客企業が海外へ進出した場合，進出先の地場銀行よりも自国企業についての情
報や取引関係において優位性を有している。自国同様に金融サービスを提供する
インセンティブも発生し，顧客企業に追随して，海外へ進出するという仮説であ
る。このブライアントの仮説に基づいてみると，HSBC や Citi は，「リーダー
型」ないしは「エスケープ型」としての特徴がみられた。一方で日本のメガバン
クは，前述の通り，「フォローワー型」の特徴がみられた。

　日本のメガバンクの主要な海外業務は，ホールセール業務や企業取引であると
いわれる。基本的には，本国の企業取引を軸に海外展開を進めてきた。他方，
HSBC や Citi のような欧米系銀行は，中小企業や個人を取引相手とするリテー
ル業務に注力している。これら２行がグローバルランキングのトップ３に入って
いることは，ある意味で現在の複雑系グローバル化の特徴を示唆するものかもし
れない。BtoB 取引は，１件あたりのボリュームは大きいが，結局は BtoC もカバ
ーできないとグローバル全体でのビジネス量は増大しないからである。

　海外市場をターゲットにリテール業務分野で参入している銀行は，そもそもの
組織能力としてローカル文化に対する感応性（responsiveness）と適応力
（adaptability）が高いため，権限委譲も進みやすく，地場銀との提携についても
一日の長がみられる。その進化の結果として，バランスのとれた中央集権と分権
化がなされている HSBC のような銀行が新興市場でも，売上げを堅調に伸ばし

図表 11-4　銀行の進出形態比較

	進出形態	進出の特徴
HSBC Citibank	リーダー型 （エスケープ型）	設立時より海外業務を展開（リテール軸） 香港の中国返還問題を目前にした英国への 進出や，米国内の金融規制を回避した側面 もみられる
日本のメガバンク	フォローワー型	本国の主要顧客（法人）の海外展開に追随

出所：インタビューおよび各種資料からの調査結果を基に筆者作成。

ている。方針やビジョン，戦略の決定は本社が，戦略の遂行は海外拠点という役割分担が明確であり，現地での変化に対して迅速に対応しながら戦略を遂行するため，現地への権限委譲も日本の銀行よりかなり進んでいる。

　他方，日本のメガバンクは自国企業の海外進出に追随して進出したフォローワー型であるため，そもそも海外でのビジネス展開当初については，長期的な海外戦略やビジョンが明確ではなかったと考えられる。

戦略の意思決定について
〈Vincente H C Chang　HSBC グループ 香港上海銀行会長談〉
　「グループ本社と傘下のグループ会社は密に対話を進めており，定期的な月例会などで戦略に関する話し合いを実施しています。……中略……グループ本社と各グループ会社の間での双方向性のプロセスを重視した集団経営を行っているとも言えます。……中略……各子会社への権限委譲は相当進んでいると考えています。持株会社 HSBC グループ本社のボードは，中長期の視点から成長する機会が世界のどこに存在するのかを見極め，国や地域ごとにプライオリティを設定し，投資を決定しています。投資事業を実際に運営するのが各地域のマネジメントチームの役割となります」[4]。

(3) 本国と海外拠点をつなぐ国際マネジャー（IM）の存在

　商業銀行は投資銀行に比べると地元への密着度が高く，外国人主体の経営は困難とされる。しかし，HSBC はこうした課題を，IM（International Manager）と呼ばれる人材の活用によって克服してきた。

【HSBC における IM（International Manager）の役割】
〈Steve Tait 香港上海銀行アジア・太平洋地域人事役員談〉
　「HSBC にはかつて，インターナショナル・オフィサーと呼ばれた役職があり，この役職は設立後の早い時期から存在していました。……（中略）……貿易取引において各国，各地域でトラブルが発生した場合，その解決のために派遣されたのが，このインターナショナル・オフィサーであり，その機能が，現在の IM に引き継がれています。……（中略）……。IM に求められる資質は，世界中のどこであっても事業を展開でき，その国や地域の文化を吸収できることです。また

政界や財界でのハイレベルな人々から信頼を勝ち得て，人的ネットワークを構築できることが求められます。……（中略）……IM には尊敬されるロールモデル（模範，手本）としての役割も期待しています」[5]。

〈Steve Tait 香港上海銀行アジア・太平洋地域人事役員談〉

「HSBC では，全世界の共通目標として，「Best Place to Work」（働く上でのベストな環境）を掲げ，これに沿った方策を展開することでブランド力を向上させ，優秀な人材を引きつける努力を続けています。……中略……タレント・プールと呼ばれる人材を管理する仕組みを設けています。タレント・プールは，下層から「ローカル・コア・コントリビューター（local core contributor）」，「ビジネス・タレント・プール（business talent pool）」，「グループ・タレント・プール（group talent pool）（ジェネラルマネジャー層）」の順に三層構造となっています。なお，HSBC グループでは世界中の拠点への転勤を伴うことが前提となっている職種があります。この職種をインターナショナル・マネジャー（IM）と呼んでおり，IM のスタッフは「グループ・タレント・プール」に所属しております。……（中略）……人材の選抜は早期から行われ，「グループ・タレント・プール」には，早い場合には 35 歳くらいで登録されます。同グループには 55 歳以上の人材の登録はなく，平均年齢は 40 歳となっています」[6]。

〈元 HSBC 行員へのインタビュー〉

「IM になるとグローバルに転々とする。大体，任期は 2 年から 3 年。転勤は突然ある。辞令がでて 2 週間で次の場所に異動となる。業務は同じということはなく，いろいろな業務を経験させられる。IM は将来的なリーダーを育成するプログラムなので，どんな国やどんな業務のマネジメントもできるようになるために，そのような異動になる。自分の出身国に戻ることはあまりない」。

HSBC を世界最大規模の金融機関に育て上げ，2005 年まで会長兼最高経営責任者を務めたジョン・ボンド自身も IM である。1990 年に買収後も業績低迷が続いた米 MMB（Marine Midland Bank）に翌年，頭取として送り込まれ実績をあげた。同様に 1992 年の英ミッドランド銀行買収直後に IM のウィットソンが副頭取に就任し，支店長から窓口係，運転手に至るまですべての行員に対して徹底した再教育を行い，今日の英国本国における強固な事業基盤を築いた[7]。

158　第Ⅱ部　事　例　編

【IM を支えるシステムや職場環境】
〈元 HSBC 行員へのインタビュー（HSBC の「知識移転」や「強み」についての質問に対する回答）〉

　「HSBC の顧客情報システムは，全世界から，タイムリーに情報が集約されている。たとえば，ある顧客企業について，基本情報以外にも，調べたい業務分野についてのキーワードを入れると，それに関する情報が取得できる。いつ，誰がどんなアプローチをしたか，顧客の反応まで分かる。また，その中で，課題も共有できる。もちろん，必要なファイアウォールはしかれている。」

　「研修やマニュアルなどはあるが，一番効率的なのは，手続きや情報のシステムが標準化されており，どこに異動しても自分自身の ID で，従来と同じように仕事ができること。」

　「（HSBC の強みは）システムとネットワーク・コラボレーション。たとえば，ある顧客企業から，アジア地域 10 カ国についての提案要請（Request For Proposal）があった場合，顧客情報システムで，各拠点からタイムリーな情報を収集できる。また，香港本社においては，関係部署のチームヘッドがすぐに集まって，対応方針を検討する。スピーディーな対応が可能であるため，表面的な提案にとどまらず，顧客のニーズを深堀できる時間も生まれる。」

　「（HSBC の強みは）一言でいうとマインドセット。いろいろな国籍の人と，いろいろな国で仕事をする上で，相手のカルチャーを尊重し，理解することは非常に重要。単に Think Globally だけではなく，Think Locally もできるところ。」

　以上のことから，トランザクション・ビジネス分野で先行する HSBC には知識移転の特徴として，グローバルに標準化されたシステムによって顧客情報などをタイムリーに共有化できること，さらに情報への accessibility が高いことがあげられる。しかし，単なるシステムの標準化のみならず，双方向のコミュニケーションによりナレッジをつなぐ役割を担う IM のような国際マネジャーの存在が特徴的である。

　Citibank でも IM と同様の役割を担う IS（International Staff）とよばれる国際マネジャーの存在がみられた。さらに昨今では，銀行のシステム開発の分野においても，先行する欧米系銀行では，メンター的な役割を担う「人」を軸にしたナレッジマネジメントの特徴もみられる。IT とコミュニケーション・テクノロジー

図表11-5　先行する外国銀行にみられる知識移転のイメージ

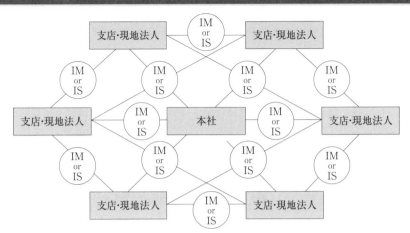

IM: International Manager, IS: International Staff
出所：太田［2008］80頁を基に加筆作成。

だけで，グローバルに拡散した知識の価値を強化できるとする幻想は，多くの企業が陥る落とし穴の1つであるが[8]，先行する外国銀行においては，「人」を介在させる知識移転プロセスを構築することで，効率的な知識共有と新たな価値創造につなげているとも考えられる。

4. おわりに

【サービスの再現性，安定供給】
　21世紀の複雑系グローバル化においては，「企業のグローバル・ネットワーク全体の中でグローバル・ローカル・トレードオフあるいは標準化・特殊化トレードオフの適正バランスを実現するマネジメント能力を，個人の偶発的な能力に頼るのではなく，再現性ならびにサステナビリティの観点から組織化する必要がある」[9]。
　トランザクション・ビジネスの分野で先行するHSBCでは，そもそも設立時の目的や成り立ちが，ビジネス戦略のみならず，多様な人材の採用や人材育成に組織文化として影響していると考えられる。また，人材活用の面で最も特徴的な

のは，IM（International Manager）にみられる国際マネジャーを活用した知識移転，経営ノウハウの提供などによって，グループ経営の効率向上を図っている点である。IM 同士の連帯意識は非常に固く，迅速な意思疎通でグループ全体の経営戦略遂行の原動力となってきたといえよう。また，アグレッシブな人事配置などにより，グループの基本方針をグローバル組織に浸透させると同時に，業務計画を策定する際には地域ごとの特殊性を考慮している。これは，マルチリージョナル・バンクを運営するにあたって独自に生み出されたものと思われる。さらに，標準化された統一システムが IM のグローバル活動をより強固なものにしている。

　こうした一連の人材マネジメントが，グローバルレベルでのサービスの再現性，安定供給を可能にし，「人」を軸にした競争優位の源泉を確立しているのである。

【日本のメガバンクは何を目指すべきか】
　アジア新興市場におけるトランザクション・バンキングの分野で，HSBC や CITI といった先行する外国銀行のグローバル・モデルを，日本のメガバンクが目指すべきかは疑問である。なぜなら，そこには「人」がインターフェースとなって複雑に介在しており，システムや仕組みの単なる模倣だけでは，それ以上の進化は期待できないからである。また，日本の銀行の海外事業はホールセールが主軸である一方，先行する HSBC や Citi はリテールをメインとし，その延長上にホールセールがある。したがって，業務を支えるインフラや拠点網にも違いがある。

　他方で，商慣習や文化，言語（中国ビジネス圏においては漢字），人種の類似性といった心理的距離（psyche distance）は意思疎通のコストを引き下げるため，優位性に結びつくはずである。この点でアジア新興市場は，欧米銀行よりも本来，日本のメガバンクにとって立地優位性を発揮しやすい，重要な市場であるといえる。また，日本人はマルチタスクをこなせる特性をもっている。つまり，本国の戦略や方針をアジア市場に浸透させたり，知識移転をしたりするだけではなく，現地の情報の蓄積と本国へのフィードバックの役割を担える資質は十分にあるはずである。それを「個人の偶発的な能力に頼るのではなく，再現性ならびにサステナビリティの観点から組織化する」（太田・佐藤［2014］）ことができれば，アジア新興市場において，独自の「強み」を発揮することができるであろ

う。

　ますます加速するグローバル化においては，それぞれの組織内で蓄積された知識，情報，人材をどのように維持し，継続させ，進化させていくかが最大の課題であると同時に差別化に貢献する。実際，日本のメガバンクも近年はグローバル人事に注力し始めており，先行する欧米銀行と同じようなグローバル人材プールの確保・育成に取り組み始めている。そのヒントの１つが，HSBC の IM にみられる国際マネジャーであり，こうした人材を育成し，いかに組織の中で資源配分を行うかの再検討を迫られている。

　今後，企業のライフステージに呼応した人的資源マネジメントを見直すことで，日本のメガバンクが海外で本来の実力を発揮することを期待したい。

［注］
1)　安田［2006］。
2)　『日本経済新聞』2011 年 5 月 30 日付。
3)　Bryant［1987］.
4)　生田ほか［2009］122-123 頁。なお，インタビューは 2008 年 2 月時点。
5)　生田ほか［2009］129-130 頁。なお，インタビューは 2008 年 2 月時点。
6)　生田ほか［2009］127-129 頁。なお，インタビューは 2008 年 2 月時点。
7)　『日経金融新聞』（1997 年 6 月 25 日）。
8)　Doz, et al.［2001］.
9)　太田・佐藤［2014］。

［参考文献］
浅川和宏［2003］『グローバル経営入門』日本経済新聞社，131-167 頁および 188-190 頁。
浅川　港［2007］『世界で最も賞賛される人事』日本実業出版社。
Bartlett, C. and S. Goshal［1992］"What is a Global Manager?", *Harvard Business Review Global Strategies*, pp. 77-91.
Bartlett, C. and S. Goshal［1992］*Transnational Management*, 2nd ed., Irwin.
Bryant, R. C.［1987］*International Financial Intermediation*, Brookings Institution, Washington D. C.（高橋俊治・首藤恵訳［1988］『金融の国際化と国際銀行業』東洋経済新報社。）
Doz, Yves, J. Santos and P. Williamson［2001］*From Global to Metanational: How Companies Win in the Knowledge Economy*, Harvard Business School Press.
Dunning, J. H.［1977］"Trade, Location of Economic Activity and the Multinational Enterprise: A Search for an Eclectic Approach," in B. Ohlin P. O. Hesselborn and P. M. Wijkman（eds）, *International Allocation of Economic Activity*, Holmes and Meier, New York, pp. 395-418.
生田正治・寺本義也・米山茂美・松尾隆［2009］『こだわり，超える　アジアのグローバル企業』生産性出版。
桑名義晴［2008］「国際ビジネスの今後の展開」江夏健一・太田正孝・藤井健編［2008］『国際ビジネス入門』（シリーズ国際ビジネス 1) 中央経済社，247-268 頁。

宮本祐輔［2013］「実践につながるホスピタリティ研修」『金融ジャーナル』9月。
向　壽一［1983］「多国籍銀行生成の理論」宮崎義一編［1982］『多国籍企業の研究』筑摩書
　　房，第2章。
長島芳枝［2009］『多国籍金融機関のリテール戦略』蒼天社出版。
太田正孝［2008］『多国籍企業と異文化マネジメント』同文舘出版。
太田正孝・佐藤敦子［2014］「異文化マネジメント研究の新展開とCDEスキーマ」『国際ビ
　　ジネス研究』第5巻第2号。
Prahalad, C. K. and Y. Doz［1987］*The Multinational Mission: Balancing Local Demands*
　　and Global Vision, New York: Free Press
関下稔・鶴田廣巳・奥田宏司・向壽一［1984］『多国籍銀行』有斐閣。
白木三秀［2006］『国際人的資源管理の比較分析』有斐閣。
竹之内玲子［2008］「メタナショナル経営論―ドーズ＆サントス＆ウイリアムソン―」江夏
　　健一・太田正孝・藤井健編［2008］『国際ビジネス入門』（シリーズ国際ビジネス1）中
　　央経済社，191-205頁。
安田隆二［2006］『日本の銀行進化への競争戦略』東洋経済新報社。
山口昌樹［2012］『邦銀のアジア進出と国際競争力』山形大学人文学部。
山本成一［2006］『グローバル人材マネジメント論』東洋経済新報社。

（前園　晃慶）

第12章

新興市場における異文化マネジメント
―成長期の中国市場における台湾発祥の康師傅控股有限公司の展開―

　本章は新興市場に参入する際の異文化マネジメントの成功事例として，台湾発祥である頂新グループの中核企業である康師傅控股有限公司（以下，康師傅とする）の中国参入における，標準化と現地適応を通じた市場創造の分析に焦点を当てる。本事例は，新興市場における外資系企業の異文化マネジメントの留意点のみでなく，日本企業が参入対象国以外の国籍の企業と連携をする際の示唆も提示しうる。

1．中国の即席麺市場と康師傅

　1958 年に日清食品の安藤百福が開発した即席麺は，2013 年には世界で年間916 億食消費されるほど世界的に普及した。中国でも即席麺市場は 1990 年以降著しい成長を続け，98 年には日本の市場規模の 2 倍と世界最大市場となった。世界即席麺協会（World Instant Noodle Association）の統計によると，2013 年の中国の即席麺の消費量は 462 億食で，2 位のインドネシアの約 3 倍である。日本は 55 億食で世界 3 位である。一方，1 人当たりの消費量においては，中国は 1位の韓国の平均消費量の約半分である。今後，中国の農村地域が経済的に発展するに伴って，即席麺市場のさらなる拡大が予想されている。この巨大な中国即席麺市場の半分以上を康師傅が占めている。

　康師傅（当時は親会社である頂新）は魏応州兄弟の父親により 1958 年に台湾彰化県永靖郷で鼎新油場として設立された。ファミリービジネスのスタイルを維持しながら台湾で工業用油および飼料用油の生産に専念し，緩やかながら成長を続けていた。康師傅は 80 年代に台湾から中国へ進出し，92 年に天津で中国初の即席麺を発売して異文化圏において新市場を創造し事業を急拡張した。CDE スキーマの中でも文化的距離は比較的活用される視点であり，中国との文化的距離は日本よりも台湾のほうが近いことから台湾企業は中国で成功しやすいと言われ

図表 12-1　2010-2014 年各メーカー販売金額シェア

メーカー	TOP10	販売金額シェア				
		2010	2011	2012	2013	2014
康師傅	1	56.0%	56.9%	56.4%	55.6%	56.4%
統一	2	9.4%	13.3%	15.8%	17.3%	17.9%
今麦郎	3	11.2%	9.0%	8.3%	7.1%	5.9%
白象	4	7.0%	6.2%	6.2%	6.5%	5.8%
華豊	5	3.0%	2.6%	2.3%	2.6%	2.3%
日清	6	1.6%	1.6%	1.6%	1.8%	2.2%
農心	7	0.9%	0.8%	0.7%	0.8%	0.9%
公仔	8	0.3%	0.4%	0.4%	0.5%	0.6%
白家	9	0.8%	0.7%	0.7%	0.6%	0.6%
南街村	10	0.3%	0.2%	0.3%	0.4%	0.5%

出所：AC Nielsen.

ている。特に"食"は文化的影響を強く受けやすいので，食文化の違う国からの参入は難しいというのがグローバル経営の定説である。台湾と中国の文化的距離の近さは康師傅にとっての優位性の1つであったかもしれないが，距離が近いから即成功が約束されるわけではない。初期の康師傅は中国のコンテクストへ上手く適応できずに失敗をしている。その後中国の市場や社会的コンテクストへの理解と適応にも努めた。

また康師傅が日本の様々な経営手法を取り入れたことも成功の一因と言われているが，この日本企業との提携にも日本と台湾の文化的距離の近さがあるとも考えられる。

2. 日台中三方ハイブリッド文化を持つ康師傅

(1) 距離とコンテクスト：初期進出の蹉跌

中国の改革開放政策をチャンスと見た康師傅は 1988 年に内モンゴルでゴマ油の製造工場を設立し，輸出を開始したが，不振に終わり，北京へ移転した。北京

では国有企業と共同出資で北京頂好製油公司を設立し，北京初の台湾合資会社としてプレミアムブランドの頂好清香油を製造・販売した。改革開放直後の中国では，市場の将来性が大きく期待されてはいたが，市場開放当初，中国では食用油は量り売りが主流であり，プレミアム市場をターゲットとした同社のボトル詰め油は高価で，一般消費者には浸透しなかった。また台湾での主要ビジネスであった菓子を中国市場に導入するため，生産・広告・販促活動を行ったが，台湾と異なる市場環境では，価格設定が高価すぎて受け入れられなかった。康師傅も中国市場進出初期では，異文化の消費者の嗜好や価値観などを綿密に調査せず，中国と台湾のコンテクストの違いを読み誤り1.5億台湾元という巨額の損失を計上した。

(2) アントレプレナーシップ：新興市場での持たざる強み

　進出初期の試みがすべて不振に終わった康師傅は，当初の戦略になく台湾でも取り扱っておらず，中国では市場として形成されていなかった即席麺へ方向転換した。本国での経験もなく，対象国でも立ち上がっていなかった事業に参入するのは相当なリスクであるが，その背景には持たざる強みとアントレプレナーシップがあったと思われる。

　即席麺市場への進出は偶然の出来事がきっかけであった。中国に進出して間もない頃，日々中国全土を移動する魏兄弟は時間と経費を節約するため，台湾から持ち込んだ即席麺を移動中の列車内で食べていた。その光景を目にした同じ列車に乗る中国人たちは，その即席麺に羨望のまなざしを向けたという。こうした地元の人たちの反応を繰り返し見た兄弟は，中国における即席麺市場の潜在的な成長性を見出した。

　計画的戦略が環境と市場との影響を受け修正されることによって新たな戦略となる創発的戦略が生まれるという好例といえよう[1]。初期に本国関連事業で失敗したこと，即席麺が全くの新規事業であったことが，康師傅の中国事業展開に創発的戦略の特性を与えたと思われる。

　ゼロからの出発であったため，即席麺ビジネスにおける経営スタイルは中国の方式に合わせる形で構成され，資金調達，設備導入，試作品の生産，流通販売チャネルなどあらゆる面で中国向けマネジメントとなった。本国で成功した商品を外国に導入した企業は，現地でその商品が受けいれられなくても，その商品のこ

だわり故に販売を継続し傷を深める場合がある。しかし同社は台湾で即席麺を扱っていなかったため，台湾風の台湾滷麺の売れ行きが悪いと躊躇なく販売を取りやめ，現地に特化した新たな商品を市場に投入した。変化の早い新興市場において，母国でのしがらみがないことがプラスに働いたと言えよう。

(3) 舎短取長[2]のハイブリッド提携：提携相手との距離

　新興市場で有望市場の開拓が成功した場合，市場が急拡大すると同時に競争も急速に激しくなる。自社の急拡張に合わせてマネジメントも急速に整備しなくてはいけない。競争に打ち勝つような資金・人材・技術・経営ノウハウ等を自社のみで構築するには時間がかかりすぎると感じた康師傅の経営者である魏応州は日本企業にパートナーシップを求めた[3]。魏は自社が中国人の嗜好を熟知しており，中国人スタッフの教育や扱いにも習熟していること，優れた経営ノウハウをもつ日本は台湾と同じ島国であり似たような考えを持っているので，互いに協力し強みを生かすことができると考えた。つまり，台湾企業が中国とも日本とも文化的距離が近いことに着目したのだ。康師傅の親会社である頂新と日系企業の最初の提携は，1999年に日本のサンヨー食品と交わされた。1953年設立で日本の即席麺市場で第2位のサンヨー食品が頂新グループの株式の33.14％（0.8香港ドル／株＝11億700万香港ドル）を取得し，頂新に即席麺の生産技術を供与することで合意した。サンヨー食品は康師傅の生産体制，購買体制，コストコントロール，商品開発，財務管理に至るまで，抜本的な改革に取り組んだ。その結果，頂新の財務状況は劇的に改善し，売れば売るほど赤字となる財務の素人企業から，確実に利益を出せる企業へと脱皮し，第2の高度成長期を迎えた。この成功を追い風にして，2002年には伊藤忠商事と包括的提携を結び，伊藤忠が各事業に日本のパートナーを紹介する体制が構築された。2004年には飲料事業でアサヒと資本提携し，3年にわたって毎年300億元が生産拠点の増設に投資された。提携時の工場数は13だったが，提携時の計画どおり3年間で50弱まで増加した。その結果，売上は5年間で5倍の成長を達成した。

　アサヒに続き，ファミリーマートとも提携関係を結び，その後も2005年7月にカゴメ・伊藤忠・康師傅3社により可果美（杭州）食品有限公司を設立，2008年1月には不二製油との間で中国および台湾の加工融資事業の資本提携が合意された。同年5月には日本製粉と天津全順食品有限公司を設立，8月には敷島製パ

ン・伊藤忠・味全の3社による製パン事業合弁会社である頂盛（BVI）株式会社
を設立するなど，積極的な提携を行った。また同年11月には伊藤忠による頂新
ホールディングスへの20％出資が決定された。伊藤忠は康師傅にとって，中国
で食料の原材料加工・流通・小売までを行う食品一括事業「戦略的統合システム
（SIS）戦略」を展開するうえで格好のパートナーと認識されていた。

　マーケティングや商品開発は康師傅が担当し，生産管理や品質管理などは日本
のパートナーが担当する形で，康師傅が経営の独立性を維持しつつ日本企業とも
ウイン・ウインの関係ができた

3.　マーケットへの適応

　国際経営におけるI-R理論では，Integration（国際統合）とResponsiveness
（現地適応）の2軸で業界の標準化と適応化の度合いを分類している[4]。前述の
ように食品産業は地域文化の影響を強く受けるため，一般に高い現地適応度が要
求される。それゆえ，食品産業では現地企業が強く，海外から参入した企業が参
入国でトップシェアを獲得，維持することは難しいと言われる。台湾から参入
し，現地企業をも抑えて中国即席麺市場の圧倒的なトップシェアを獲得した康師
傅の現地適合はどのようなものだったのだろう。

　中国市場参入初期の度重なる失敗から学んだ同社は，未知の地である即席麺市
場について徹底的な市場調査を行い，当時の中国市場には①即席麺の商品数も種
類も僅少であること，②市場が両極化していることを発見した。つまり，プレミ
アム市場（5〜8元）は日本や台湾からの輸入商品が占めており，中国人消費者
には手が届かない。一方，ローエンド市場（1元弱）は現地の食品メーカーが生
産した低品質でしかなかった。そこで，魏兄弟は一般消費者向けに手ごろな価格
（2〜5元）で，高品質な（おいしい）即席麺を提供すれば潜在市場をつかめるの
ではないかと考え，当時はまだ存在していなかった市場セグメントに企業の将来
を託したのである。そして，1991年に康師傅即席麺の生産を開始した。中国の
市場・社会のコンテクストを学んだ康師傅は，このように統合と適応を絶妙なバ
ランスで展開してきた。

(1) 中国市場で2層型マーケティングによる統合と適応

中国は960万平方kmの広大な国土面積を有している。最北端の漠河県から最南端にある海南島までには，寒温帯，中温帯，暖温帯，亜熱帯，熱帯という多様な気候区が広がり，青海・チベット高原では垂直型温度帯も見られる。また世界最大の14億人弱の人口を擁する中国には，それぞれ異なった信仰・言語・自治組織を持つ56の民族が暮らしている。異文化間の接触によって生じた「新生文化」も生まれつつある。自然環境の多様性と，歴史・文化の多様性の影響を受け，消費者の嗜好は極めて多様性に富んでいた。その上，変化が激しいのが中国市場の特徴と言われていた。

国際マーケティングにおける適応性戦略に関して，適応性の度合に影響を与える要因として，図表12-2のようなフレームワークが提起されている。

康師傅は中国全土を1つの市場として捉えるのではなく，各地域に密着して市場多様性へ対応するこまやかな現地適応戦略に注力した。ただしマーケティングの4つのP（商品，価格，プロモーション，流通チャネル）において，すべてを現地適応するのではなく，中国全土で統合できるものは全国統一する2層型のマーケティング戦略を採用したのである。

康師傅は顧客ターゲティングでは全国共通政策をとり中国全土を通じて，大学生と出稼ぎ労働者をターゲットに設定し，4Pに関しては2層型マーケティングを採用した。日本の即席麺はスナック的な性格だが，中国では手軽な主食の選択肢が限定される中で若者向けの主食としての性格が強い。特に大学の食堂はメニューが少なく，単調な味付けの料理が多い上，学生は外食することが少ないた

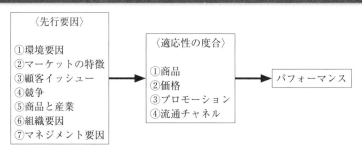

図表12-2　標準化／適応性戦略に関する概念的モデル

出所：Theodosiou and Leonidou [2003] p.141を筆者修正。

め，即席麺が重要な主食になっている。おやつ的なポジションのため容量が小さめの日本の標準品に比べ，康師傅の製品は２割以上大きい。毎日食べても飽きがこないようにバリエーションも拡大する必要がある。台湾は日本と中国の中間的ポジションに位置づけられる。市場の拡大に伴って子どものおやつや主婦向けの軽食として家庭の食卓でも市民権を得つつあるが，康師傅のターゲット戦略の中で子供や主婦の優先順位は高くなかった。

　4Pにおける２層型マーケティングを順に見ていく。商品戦略における第１層である全国ブランドの確立である。先行要因5)にあるマーケットの特徴として中国消費者はブランドを重要視する傾向があり，康師傅ブランドは中国全土で共通とされた。そして看板商品である売上No1フレーバーでもある「紅焼牛肉麺（焼肉麺）」は全中国共通となった。1990年初期に一足先に中国に上陸したライバル企業は台湾で人気を博した焼き豚味の即席麺を市場投入していたが，康師傅はまったく新たな視点から消費者のニーズを採り入れた。消費者は牛肉を高級品と認識していたことを察知した康師傅は，比較的付加価値の高い商品をある程度リーズナブルな価格で提供する戦略を具現化するために，「紅焼牛肉麺（焼肉麺）」を中国市場に投入した。消費者のニーズを捉えた「紅焼牛肉麺」は大成功し，全国ブランドへと展開され，現状では同社の数百種類ある商品ポートフォリオのトップに君臨している。こうした第１層の全国商品の数は「酸菜牛肉麺」（ピクルス牛肉麺）など5～6フレーバーある。もう一方の第２層では中国を地域区分し，各地域の独自性に徹底的にフォーカスした適応性の高い商品を開発し，さらに地域特性に合わせたマーケティングミックスを組み合わせている。

　康師傅の地域分割基準は基本的に中国の伝統的な味付けに従っている。基本的に東北，華北，西北，華中，西南，華東，華南の７地域に区分し，各地域でエッセンスとなっている伝統的な味付け，食材，料理法に従って，即席麺の味付けを決定する。その際，サワー（酸味），ソルティ（塩味），スイート（甘味），スパイシーという４つの味覚軸（Sour, Salty, Sweet, Spicy の頭文字をとって4Sと呼ばれる）を各地域の味のマッピングに活用している。大別すると，西北部が酸味，沿海部が甘味，西南部がスパイシー，東北部が塩味を好む傾向にある。これをさらに細分化したものを社内で的確にコミュニケーションできるようにしている。例えばスパイシーの場合，「ホット＋スパイシー」のように微妙な味のニュアンスの違いによって15種類に細分化している。また，ある地域でローカル・フレーバーとして開発し，それがうまくゆけば次の地域へ，さらに他の地域へと徐々に

展開地域を広められる。

　2層型マーケティング戦略におけるローカル・フレーバー商品と全国展開商品のプロモーションの優先度に関しては，基本的に商品の売れ行きに基づいており，現場の判断に一任されている。商品開発と同様に，徹底的に現場重視の姿勢なのである。こうして現地の味覚に合わせて開発された商品は，上市後も繰り返し試食会等の場でテストされる。数多くの消費者から意見を聞き，それをもとに細かな味の修正，パッケージの改良が行われる。比較的市場が小さい台湾では商品の多様性を追求するのは合理的とは言えない。しかし中国では全体の市場はもちろん，地域レベルの市場も一定以上の規模があるため，地域に特化した商品開発を行ってもある程度の収益が見込める。国際的異文化マネジメントというと自国と参入国の2国間の違いに焦点が当てられがちだが，参入国の中での多様な文化差にも着目した2層型マーケテイングが康師傅の成功要因の1つである。

(2) 2層型プロモーション

　1990年代初め，中国中央TVのゴールデンタイムの広告料は500元（当時のレートで約10,000円）だった。このチャンスを生かし，康師傅は企業広告の意識がまだ浸透していなかった1992年の中国で，当時としては破格の3000万元の広告予算で康師傅ブランドを訴求した。当時としては異例の大規模プロモーションは広告を見慣れていない消費者に強く訴求し，康師傅の商品を求める消費者が小売店の前に長蛇の列をなした。その結果，大衆向けの健康でおいしい即席麺というポジションを先行して掴み取った康師傅はNo.1ブランドの地位を確立し，中国進出からわずか3年で売上額が初年度の47倍にも増加した。その後も広告費は年を追うごとに増加し，近年では1億元台を維持するまでになっており，広告の「予算長者」として消費者にも知られるようになっている。

　当時，消費者の莫大な需要に応えるため，卸売および代理店の仕入れ担当者は頂益（康師傅ブランド生産・管理会社）の工場に殺到した。この機を生かし，康師傅は自社に有利な取引条件を提示し，前金での注文へと変更した。それ以降，同社は資金がショートする心配がなくなり，中国ビジネスで不可避のリスクとされている商品代金の回収不能リスクが問題とならなくなった。

　製品開発と地域展開が進むにつれ康師傅のプロモーションも2層型構造で展開している。まず，第一層では上述のように創業当時から最も視聴率の高い

第12章　新興市場における異文化マネジメント　　171

CCTVのゴールデンタイムに康師傅の全国ブランド広告を放送している。また春節新年番組のトップスポンサーとしても名を連ねている。康師傅はCCTVでシンプルなキャッチフレーズ「食べてみればおいしさがわかる」を打ち出し，商品の味の良さを訴求した。そのキャッチフレーズのわかりやすさが奏功し，消費者の間では注目度の高いナショナルブランドとして周知された。

　第2層では「地域の特色」で共感を呼び起こしている。消費者を細分化し，各層において対象を絞ったマルチメディア・プロモーションでブランドの浸透を図っている。例えばメインターゲットである大学生にアピールするために，大学キャンパスでの様々な全国コンテストの開催，キャンパスでのイベントのサポート，留学生へのスポンサー活動，店頭プロモーションなどの伝統的な広告プロモーションに加えSNSなどのインターネットを介した地域密着型の広告・宣伝を絶えず行っている。

 (3) 物流チャネル戦略

　2013年12月末現在，康師傅は中国全土で営業所566か所，倉庫75か所，代理店33,504店，直営店110,355店を網羅する物流販売システムを構築している。康師傅のチャネル戦略は3Aに代表されている。つまりAvailability（どこでも買える），Affordability（手頃さ），Acceptability（気持ちよさ）を目標に掲げている。この戦略に従って，創立後1998年，1999年，2006年の3回のチャネル構造変革を実施している。1992年から1998年7月の第1次変革までの物流構造は，当時中国の物流インフラが欠如していた上，消費水準が低かったため，康師傅の物流チャネル構造も多くの国営企業と同様に，3段階で構成されていた。

　図表12-3に示す通り，当初の流通チャネルでは，康師傅は第3段に位置する代理店（日本で言えば一次問屋）にそれ以降の二次問屋や地域問屋，そして小売店等の流通チャネルオペレーションを委ねたため，市場に対しブランド，クライアントコミュニケーション，価格，消費者情報等をコントロールすることが難しかった。同様に，地域に合わせたきめ細かなプロモーション活動も困難であった。そのため，商品力が向上した割に利益率は低かった。そこで，中国の物流インフラの改善と消費者の購買力の向上，そして消費者嗜好の多様化に伴い，大幅なチャネル構造調整を行った。現在の流通チャネル構造は，図表12-4の通りである。

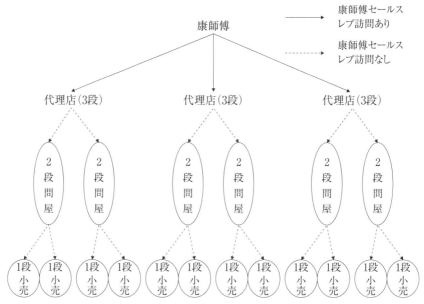

図表 12-3　設立当初の流通チャネル構造

出所：康師傅社内資料より作成。

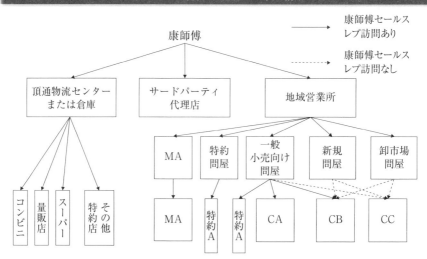

図表 12-4　現在の流通チャネル構造

出所：康師傅社内資料より作成。

現在では康師傅の営業マンが直接小売店を訪問し，店内の商品棚の陳列状況まできめ細かに情報管理している。こうしたチャネル改革による流通チャネルの「見える化」は，効率性の改善，チャネルの強いコントロールを可能にした。現在の価格，ブランド，計画的なプロモーション，顧客情報，最適在庫などの管理システムは，日本の有力消費財企業のチャネル管理に似た構造になっている。

その背景には，日本のパートナーの存在がある。同社は伊藤忠商事と共同出資により中国に頂通物流を設立し，自社物流を展開している。そこで日本の物流システムを学び，精度と対応速度の改善に努めている。また，それと並行して，消費者の嗜好，消費レベル，物流インフラを基準に地域ごとの等級づけを行い，各等級に適合した最適な対応をすることにより，標準化の効率性と適応化による細やかな地域対応を両立させているのである。

4. 組織運営の適応
―小さな進捗とマルチレイヤー構造によるチームの連携―

新興市場の開拓では堅実な業務遂行もさることながら，起業家マインドがひときわ重要となる。それは成長期の中国も例外ではなかった。どれほど優秀で専門分野における業務遂行能力が高くても，事細かに台湾の本社からコントロールされていては変化の激しい中国では競争に勝てない。この点において台湾や日本のような成熟市場での組織運営の前提と，成長期の中国でのそれは大きく異なるのである。

巨大化する組織において，アントレプレナー的企業文化を確立し，組織構造に組み込んだことは，康師傅の人材管理の強みと言えよう。同社の給与は中国の消費財メーカーの平均給料と変わらないが，要求される職務内容はハードルが高い。しかし，外資系企業の離職率が高いと言われる中国の人的資源環境にあって，比較的離職率を低く抑えることができている。その背景には，中国の企業文化への理解に基づいた以下のような施策があった。

① 採用時の選抜。金銭的インセンティブを重要視する人にはそもそも採用オファーを出していない。中国では基本的に金銭的インセンティブ（南北差はあるものの，南はより金銭重視とされている）が台湾より相当重視される傾向にある。台湾は日本的経営に加え欧米の合理的経営手法も取り入れるハイ

ブリット組織経営で，金銭面以外のインセンティブの重要性を教育している。

② キャリアプランの明示。個々の従業員に自分の夢や大きな目標を達成するために必要なプランと年数が明示される。これにより，長期的かつ継続的に働くインセンティブを与えるのである。台湾も日本と同様に終身雇用，年功序列，ピラミッド型組織だが，組織のレイヤーは多くない。性急な昇進を望まない国民性が反映しているものと思われる。その点では，中国でも終身雇用は共通しているが，パフォーマンス・ベースの要素が強く，早い昇進を望む人が多い。康師傅ではこうした中国人従業員のインセンティブを維持するために，組織レイヤーを多く設計している。

アマビル（T. Amabile）とクラマー（S. Kramer）は従業員のインセンティブに関する研究で進捗の法則，つまり小さな成功を積み重ねることで，喜び・連帯・創造性が高まることを発見した[6]。康師傅でも1階級ずつ昇進させることで精神的満足感を与えることができるように18階級が設けられている。下はセールスレップから始まり，スーパーバイザー，マネジャー，ディレクター，VP，GMで，さらにそれぞれをアシスタントマネジャー，ミドルマネジャー，シニアマネジャーなどに分け，小さな進捗（small win）を実感することで，従業員の士気と忠誠心を育成している。特に成長市場ではビジネスチャンスが多く，昇進の機会も増える。実際，康師傅は組織としての規模が大きく（社員数は7万人）ポスト数が多いのが魅力となっている（工場のマネジャー数だけで200人超を数える）。このマルチレイヤーシステムを機能させるには，相当の市場規模と成長速度が重要である。これまでのところ巨大で急成長を遂げてきた中国市場に合致した組織構造であるといえよう。以上のような中国独特かつ不可欠の組織構造は，昨今の組織フラット化の流れの中ではひときわ目立つ存在となっている。

③ 採用後の価値観教育。自社の価値観を徹底的に教育し，金銭面以外のインセンティブの重要性を認知してもらう仕組みも重要である。康師傅の企業理念は，イノベーション，インテグリティ（誠実さ），堅実な実行，の3つである。この3つの理念はKPI（KEY PERFORMANCE INDEX）に落とし込み，社員の評価にも適用されている。こうした明快な企業理念とその実行も優秀な人材を集める一助になっていると思われる。

台湾は日本と同様 OJT（On-the-Job Training）重視でオフ JT は少ないが，中国は一般的に OJT，オフ JT ともに重視している。また中国ではオープン研修が従業員に歓迎される傾向にあるが，康師傅はオープン研修よりも自社を十分に理解している講師にカスタマイズしてもらい，オフ JT を行っている。オフ JT に特別感を与えるために大学のような専門施設を作りそこで講義を行っている。同社は一般の中国企業に比べ OJT が多く，OJT が 70％，オフ JT が 30％（5％は外部カスタマイズ）という比率で，向上心の強い従業員には手厚いキャリアアップ・サポートも行われている。

また台湾は日本に似たチームワーク重視の傾向にあるが，中国は比較的個人主義の色彩が濃い。日本企業は中国でチームワーク文化を定着させるのに苦労すると言われるが，康師傅はコミュニケーションが密な組織作りに取り組み，比較的チームワークが良好な組織文化を構築している。その結果がスピードと品質を両立させることにも繋がっているとみられている。元来，台湾企業は中国企業に比較するとチームワークを得意とするが，日本企業との提携によりチームワークのさらなる向上のノウハウを取得してきた。また，康師傅の主要幹部社員の 90 人以上が天津の本社近くのグリーンパーク・ビラと呼ばれる頂新グループが所有する住宅・マンション・ホテルの集積地に居住しており，職住隣接を実現し幹部間の密接なコミュニケーションを可能としている。敷地内には自社が経営するレストランもあり，幹部らが顧客を交えて食事をする機会も多いという。制服はブルーカラーのみならず，ホワイトカラーのワイシャツも会社からの支給で，全員が同じものを着用することで幹部層以外の社員にも組織的な一体感を醸成している。それゆえ，中国の製造業における平均年間離職率 35％に比べ，康師傅では一般工員でも 25〜30％と平均以下に抑えられている。また管理職クラスでは，3％の離職率で極めて低く，職場人材は安定して育成している。

以上のように，康師傅では急速な成長，多階層組織，昇進ポストの多さ，低い離職率が次なる成長を生み出すというポジティブ・スパイラルが形成されているのである。

ちなみに，中国企業は台湾人と仕事をすることに慣れているので，IBM，ネスレ，シスコ，HP などの欧米系企業の中国法人でも台湾人をトップに据えるケースは少なくない。

5. 今後の課題

　このように順調に成長を続けてきた頂新グループであるが，規模が大きくなる
ほど，食品企業としての"安全性・信頼性"の高い期待値に対応し続けるのは困
難になる。品質意識の高い日本でも雪印など安全性で問題を起こした企業は少な
くないが，2014年末に頂新グループの傘下企業の1つが安全性問題において台
湾でメディアに取りあげられた。中国における異文化マネジメントを巧みに展開
してきた頂新グループが本国台湾で安全性問題で話題になるのは意外な気もす
る。中国のみならず世界レベルでも存在感を発揮するようになった頂新グループ
がこのような問題にどう対応するかということも今後の展開に重要な影響を及ぼ
すかもしれない。本稿では取り上げなかったが，康師傅は飲料事業でも中国で急
拡張中であり，お茶分野ではシェアNO1であり，菓子事業でのプレゼンスも高
まっている。康師傅内での複数事業分野をどのようにマネジするのかという多角
化問題も今後は重要な論点になろう。また，中国市場以外への展開を考えたとき
には，中国進出時とは違った異文化マネジメント手法が必要になってくるかもし
れない。

6. おわりに

　新興国，とりわけ変化が激しく，文化や価値観が異なる中国市場の日用品や食
品分野で，外資系企業が成功するのは難しいとされてきた。特に1990年代の新
興市場である中国において，母国台湾で扱っていなかった即席麺を展開すること
は，母国における優位性を海外移転するという国際経営理論とは一見矛盾してい
るように見える。しかし距離のアプローチ（CAGE）でみると台湾と中国との言
語を含めた文化と地理的な距離の近さは，康師傅にとって日本企業の中国進出よ
りも有利に作用したと思われる。確かに台湾系企業は，中国消費者の嗜好も理解
しやすく，中華圏におけるマーケティングや，中国人社員教育のノウハウも蓄積
している場合が多い。しかし文化的距離の近さを，コンテクストの理解と共有に
落とし込み，組織システムに埋め込んでいかないと異文化圏での大きな成功には
結びつかないということも康師傅の事例は教えてくれている。新興市場の開拓に

はCDEスキーマのようなコンテクスト・距離・埋め込みといった多様な視点が必要なのである。

　また康師傅の事例は台湾系企業との連携に関してもヒントを与えてくれよう。日本と台湾の文化的距離および地理的距離の近さから考えても，台湾系企業は日本企業にとって比較的連携しやすい相手のはずである。直接提携しなくても台湾系企業の手法から学ぶこともできるかもしれない。いまだに日本では有効だが，中国では必ずしも有効ではないやり方にこだわっている日系企業は存在する。例えば，日本市場では，容器の素材が薄く手で押して変形するようでは安全性に問題があると判断されてきたが，中国のような新興市場の消費者は液体が入る程度の強度を保てれば問題はないと考える。こういった「割り切り」は日本の企業が苦手とするところで，台湾企業の割り切りから新興市場における"引き算型のイノベーション"を学ぶことも可能かもしれない。

[注]

1)　Mintzberg and Waters [1985].
2)　他人の長所を生かして自分の短所を補うという由来。
3)　佐藤 [2009]。
4)　浅川 [2003]。
5)　Theodosiou and Leonidou [2003].
6)　Amabile and Kramer [2011].

[参考文献]

Amabile T. and S. Kramer [2011] *The Progress Principle*, Harvard Business Review Press.
浅川和宏 [2003]『グローバル経営入門』日本経済新聞社。
Mintzberg H. and J. Waters [1985] "Of Strategies, Deliberate and Emergent," *Strategic Management Journal*, Jul-Sep85, Vol. 6 Issue 3.
佐藤嘉彦 [2009]「中国の即席麺王「康師傅」」『日経ビジネスオンライン』7月6日。
Theodosiou M. and L. Leonidou [2003] "Standardization versus adaptation of international marketing strategy: an integrative assessment of the empirical research," *International Business Review*, Apr, Vol. 12 Issue 2.

（池上重輔・井上葉子）

事項索引

【あ行】

アーティファクト ……………… 35, 61, 62
アートマネジメント ……………… 105
アイデンティティ ……………… 78
アウトリーチ ……………… 116
アジア域内交易 ……………… 154
アジア新興市場 ……………… 150, 151, 160
味全 ……………… 167
アステカテレビ ……………… 139
新生文化 ……………… 168
アングロ圏 ……………… 21
アントレプレナーシップ ……………… 165
暗黙知 ……………… 51, 73, 75

イーミック／エティック・アプローチ ……………… 13
イタリア・オペラ ……………… 106, 112
イノベーション ……………… 7, 40, 116, 124, 174
異文化コミュニケーション ……………… 9, 33
異文化コンテクスト・マネジメント ……………… 56
異文化相互作用 ……………… 2, 8, 37, 70
異文化マネジメント …… 2, 9, 10, 15, 19, 26, 26, 28,
　　　　45, 47, 72, 73, 105, 106, 116,
　　　　123, 130, 151, 153, 163, 176
異文化理解 ……………… 9, 10
意味の共有 ……………… 50
意味のトライアングル ……………… 54
意味量 ……………… 51
因子分析 ……………… 16
インターナショナル・オフィサー ……………… 156
インターナショナル・マネジャー ……………… 157
インテグリティ ……………… 40, 43
インフォーマル・ラーニング ……………… 125

ウィーン国立歌劇場 ……………… 106
ウィットソン ……………… 167
ウエストエンド（ロンドン） ……………… 114
ウォートンスクール ……………… 32
受け手 ……………… 49, 51
ウプサラ・プロセス・モデル ……………… 133
埋め込み ……………… 10, 47, 75, 78, 177
　２つの―― ……………… 83, 84

英国ロイヤル・オペラ ……………… 116
英語圏 ……………… 20

エージェント ……………… 77
エスケープ型 ……………… 155
エティック・アプローチ ……………… 13
エンドユーザー ……………… 90, 102
エントリー・モード ……………… 27

欧州価値観調査 ……………… 20
オープン研修 ……………… 175
送り手 ……………… 49, 51
オフ JT ……………… 175
オペラ ……………… 105, 106, 109, 111, 114, 115
オペラ・カンパニー ……………… 109, 111
オペラ劇団 ……………… 106
オペラメリカ ……………… 109
オペレッタ ……………… 108
音楽劇 ……………… 108

【か行】

海外系現地人材 ……………… 85
海外直接投資 ……………… 27, 67
階級制／ヒエラルキー ……………… 19
階層的クラスタリング分析 ……………… 22
外部イノベーション ……………… 7
外部埋め込み ……………… 13, 75, 80, 81, 85
外部適応 ……………… 21
拡散のダイナミクス ……………… 71
学習行動パターン ……………… 5
学習プロセス ……………… 7
歌劇場 ……………… 105〜109, 111〜116
歌劇場ビジネス ……………… 106
カシ・カリの論理 ……………… 80
価値観 ……………… 5, 21, 35, 40, 44, 142
価値創造 ……………… 92, 93, 97
価値調査モジュール ……………… 16
華中 ……………… 169
華束 ……………… 169
華南 ……………… 169
歌舞伎 ……………… 105
株主利益追求 ……………… 40
華北 ……………… 169
ガラパゴス現象 ……………… 92
カルチュラル・シナジー ……………… 2, 122
カレッジ（人）× D-AIR（データ）スキーム ……………… 103
環境は組織に入り込む ……………… 39
関係的埋め込み ……………… 79, 81

180　事項索引

感情的自律 ················· 19
カントリー・ポートフォリオ分析 ········· 134

キークライアント ··············· 99
起業家マインド ················ 173
企業文化 ··············· 34, 36, 40
企業文化への「文化的埋め込み」 ········ 85
記号化 ················· 50, 54
規範的同型化 ················ 39
基本的・基礎的な前提 ············· 35
キャッシュマネジメント ············ 151
キャリアアップ・サポート ··········· 175
キャリアパス ················ 154
京劇 ··················· 105
競合プレゼンテーション ············ 97
凝集性 ··················· 79
行政的距離 ·················· 47
強制的同型化 ················· 39
距離 ············· 10, 27, 47, 61, 62, 177
距離の脅威 ············ 62〜64, 73, 122

国と文化を超えた知識移転 ··········· 73
国の文化 ············ 33, 36〜40, 45, 47
クライアント・ポートフォリオ ········· 99
クライアントコミュニケーション ······· 171
クラスターマップ ··············· 24
クリエイティブ ··············· 91, 97
グループ・タレント・プール ·········· 157
グループ内集団主義 ············ 21, 39
グローバル段階 ················ 38
グローバル・クラスター ············ 22
グローバル・ディストリビューション ····· 116
グローバル・ナレッジ時代 ······ 121〜124, 130
グローバル・マネジャー ··········· 2, 72
グローバル・リーチ ········· 63, 64, 122
グローバル・ローカル・トレードオフ ····· 159
グローバル M&A ··············· 82
グローバル人材プール ············ 161
グローバル知識経済 ·············· 64
グローバルランキング ············· 155

経験価値 ·············· 120〜123
経験領域 ················ 52, 54
経済・社会的距離 ··············· 145
経済・社会的コンテクスト ··········· 145
経済行為の随伴的性質 ············· 76
経済社会学 ·················· 76
経済的距離 ·················· 47
経済的行為主体 ················ 76
形式知化 ··················· 97

劇場文化 ··················· 107
ゲマワットの CAGE モデル ··········· 67
ゲルマン系ヨーロッパ圏 ············ 21
「言語中心」の国際化プロセス ········· 145
現地スタッフ ················· 151
現地中心主義 ················· 64
現地適応戦略 ················· 168
権力格差 ·········· 17, 18, 21, 39, 64, 70

高画質ライブビューイング事業 ········· 115
好奇心 ··················· 50
広告コミュニケーション ············ 100
広告代理店 ··············· 127, 128
高コンテクスト ·········· 15, 16, 42, 43
高コンテクスト・コミュニケーション ··· 55, 56
高コンテクスト・メッセージ ·········· 59
高コンテクスト vs. 低コンテクスト ······· 10
高コンテクスト文化 ············ 42, 43
康師傅 ········· 163〜171, 173, 174, 177
構造的埋め込み ············ 76〜79, 82
構造的同化 ··················· 3
行動規範 ··················· 44
行動心理学的アプローチ ············ 21
幸福—生存 ·················· 20
コーロケーション ··············· 54
国際アウトソーシング ············· 68
国際戦略提携 ················· 67
国際マーケティングの4次元アプローチ ···· 64
国際マネジャー ············· 160, 161
国民オペラ ·················· 106
国民文化 ············ 15, 16, 18, 25, 27
国民文化差 ·············· 17, 18, 26
国民文化次元分析 ··············· 22
50：20：30 ルール ·············· 112
個人主義 ·············· 44, 57, 71, 72
個人主義／集団主義 ········ 17, 64, 69, 72
護送船団方式 ················· 149
古代ギリシャ劇 ················ 106
古典オペラ ·················· 112
コミュニケーション ········ 15, 50, 51, 123
　双方向での—— ············ 85, 158
コミュニケーション・ギャップ ········· 53
コミュニケーション環境 ········ 56, 58, 59
コミュニケーション環境／行動マトリックス ···· 58
コミュニケーション行動 ·········· 55, 58
コミュニティ・オブ・プラクティス ······ 124
コンセンサス・クラスター ··········· 22
コンテクスト ···· 8, 10, 12, 15, 16, 19, 27, 37,
　　　47〜50, 105, 112〜116, 122, 123, 177
　——のイメージ ··············· 48

——はマネジできる変数である ……… 50	社会規範 ……………… 133, 142, 145
コンテクスト・マネジメント	社会クラスター ………………… 32
…………… 3, 47, 52, 53, 55, 115	社会的コンテクスト …………… 164
コンテンツ ……… 113, 114, 115, 124	社会文化 ……………………… 32, 33
コンファレンス環境 …………… 120	社会文化的コンテクスト …… 57, 112
コンファレンス参加者 ………… 120	社交ネットワーク ………… 122, 124
コンファレンス主催者 ………… 120	宗教 ……………………… 133, 145
コンプライアンス ……………… 40	従業員満足度 …………………… 27
コンベンション施設 …………… 126	終身雇用 ……………………… 174
コンベンションセンター ……… 119	集団経営 ……………………… 156
	集団主義 ……… 18, 44, 57, 71, 72
【さ行】	収斂の力学 …………………… 62
	主観的幸福感 …………………… 17
サービス・エンカウンター …… 120	儒教系アジア圏 ………………… 21
サービス・ビジネス …… 10, 105, 119, 123, 152	儒教圏 ………………………… 20
在外現地法人 …………………… 79	準拠枠 ………………………… 49
在外現法 ………………… 80〜85	準公共財 ……………………… 113
裁定 …………………………… 67	商業演劇 ……………………… 113
サブ・グループ次元 …………… 26	商業銀行 ……………………… 156
サブサハラアフリカ圏 ………… 21	消費者の嗜好 ………………… 173
サブ文化 ……………………… 32	消費性向 ……………………… 134
差別化されたネットワーク …… 82	消費レベル …………………… 173
サワー（酸味）………………… 169	商品開発 ………………… 166, 167
3 極構造 ……………………… 62	商品戦略 ……………………… 169
参入形態 ……………………… 134	商品ポートフォーリオ ………… 169
参入コスト …………………… 134	情報 ………………… 50, 77, 81
	——の意味的共有 ………… 53, 58
ジェネラルマネージャー層 …… 157	——の不確実性 ……………… 76
時空間 ………………………… 120	情報粘着性 ………… 72, 73, 122
シグナル ……………………… 52	情報量 ………………………… 51
資源ベース …………………… 78	消滅性 ……………… 120, 121
思考 …………………………… 54	職業文化 ……………………… 36
自己主張 …………………… 21, 39	食文化 ………………………… 164
自己民族中心主義 ……………… 4	職務グループ …………………… 36
指示 …………………………… 54	女性的／男性的 ………………… 64
指示物 ………………………… 54	進化的適合度 …………………… 78
市場参入 ……………………… 143	シンガポール国立大学 ………… 100
市場参入戦略 ……………… 134, 137	シングルトン …………………… 22
市場セグメント ……………… 167	人件費比率 …………………… 113
市場に近接して得た知識 ……… 144	新興国 …………… 81, 85, 176
システム・エンジニア ………… 68	新興市場 ……… 62, 155, 163, 176, 177
システムインソフ …………… 152	人材マネジメント ………… 151, 160
システム商品 ………………… 151	進出の 4 段階モデル …………… 140
次世代リーダー養成プログラム … 100	新制作費用 …………………… 114
持続的競争優位 ………………… 38	新制度派社会学者 ……………… 76
実証研究 ……………………… 18	人造物 ………………………… 61
シドニー・オペラハウス ……… 109	新中間層 ……………………… 90
「しなやか」かつ「遅しい」人的コミュニケーション能力 ……… 10	人的コミュニケーション …… 15, 121〜124
地場銀行 ……………………… 155	人的資源 ……………………… 153
社会関係資本 ………… 77, 78, 80〜82	人的資源依存理論 ……………… 39

人的資源マネジメント ……………… 161
人的資本 …………………………… 78
人的相互コミュニケーション ……… 119
人的ネットワーク ………………… 157
信奉しうる価値観 …………………… 35
シンボリック・マネジャー ………… 34
シンボル …………………………… 5, 54
信頼関係 …………………………… 91
信頼取引 …………………………… 80
心理的距離 ………… 12, 61, 63, 73, 160

スイート（甘味）…………………… 169
スーパーバイザー ………………… 174
スカンジナビア派 ……………… 133, 134
ステークホルダー ……………… 116, 150
ステレオタイピング ………………… 70
スパイシー ………………………… 169
スペイン語テレビネットワーク …… 139
スペイン帝国の旧植民地 …………… 142

生活様式 …………………………………… 5
政治的埋め込み ………… 76, 78, 80, 82
生態学的アプローチ ………………… 21
制度化理論 ………………………… 39
制度的集団主義 …………………… 21, 39
制度理論 …………………………… 39
製品ビジネス ……………………… 63, 119
セールスレップ …………………… 174
世界価値観調査 ………… 16, 17, 20, 25
世界はフラットである ……………… 63
世俗的・合理的―伝統的権威 ……… 20
セレンディピティ ………………… 126
ゼロベースト・コミュニケーション … 59
「先輩の背中を見て育つ」風土 ……… 91

層化標本 …………………………… 20
相互作用サービス ………………… 120
創造産業 …………………………… 135
創発的戦略 ………………………… 165
双方向でのコミュニケーション … 85, 158
即席麺市場 ……………… 163, 165, 166
組織アイデンティティの二重化 …… 80
組織行動理論 ……………………… 15
組織的距離 ………………………… 26
組織能力の開発 …………………… 83
組織のレイヤー …………………… 174
組織風土 …………………………… 34
組織プロセス ………………………… 2
組織文化 …… 32～34, 36, 38～40, 44～47, 159
ソフトウェア・オブ・ザ・マインド … 16

ソルティ（塩味）…………………… 169

【た行】

ターゲット市場 …………………… 134
ターゲット戦略 …………………… 169
対外直接投資先 …………………… 22
ダイナミック・ケイパビリティ・フレームワーク …… 78
第二系列 …………………………… 94
多階層組織 ………………………… 175
多国籍企業 …… 15, 36, 44, 45, 79, 80～82
多国籍企業の内部ネットワーク …… 82, 83
多国籍企業の本社―子会社関係 …… 75, 79
多次元尺度構成法 ………………… 22
多文化主義 …………………………… 2
多文化組織 ………………………… 15
多様性 ………………………………… 3
タレント・プール ………………… 157
単純グローバル化 ………………… 3, 63, 65
男女平等主議 …………………… 21, 39, 40
男性らしさ／女性らしさ …………… 17

地域中心主義 ……………………… 64
地域統括会社 ……………………… 149
地域問屋 …………………………… 171
地域分割基準 ……………………… 169
チームワーク文化 ………………… 175
知識移転 …………………………… 154
知識経済 …………………………… 124
知識創造プロセス ………………… 122
知識粘着性 ………………………… 73
知識マネジメント ………………… 73
知的好奇心 ………………………… 50
中国即席麺市場 …………………… 167
紐帯の強度 ………………………… 79
長期志向／短期志向 ……………… 17
地理的遠隔性 ……………………… 64
地理的距離 ………… 12, 47, 61, 68, 177
地理的近接性 ……………………… 25

ツーリズム産業 …………………… 119

提案依頼書 ……………………… 127, 128
低コンテクスト …………………… 15, 16, 43
低コンテクスト・コミュニケーション … 3
低コンテクスト文化 ……………… 42, 43
定性的調査手法 …………………… 18
定性的分析 ………………………… 73
定量的分析 ………………………… 18, 73
適応 ………………………………… 67
テクノロジカル・イノベーション …… 9

デジタル・コミュニケーション ……………… 102
テレノベラ ……………………… 133, 137〜146
「テレノベラ」の海外進出の4段階モデル …… 140
テレビサ社 ……………………………………… 139
テレムンド ……………………………………… 143
展示会・見本市 …………………………… 119, 120
天津 ……………………………………………… 163
頂益（康師傅ブランド生産・管理会社）…… 170
頂新ホールディングス ………………………… 167
電通 ……………………………………………… 90
電通アジア ……………………………………… 90
電通アジアネットワーク …………………… 93, 98
電通ウェイ（DNA）………… 92, 94, 98, 99
電通シンガポール …………………… 90, 91, 100
電通タイランド ………………………………… 93
電通ネットワークアジア・カレッジ ………… 104
頂通物流 ………………………………………… 173
店頭コミュニケーション ……………………… 102

ドイツ・オペラ ………………………………… 112
同化 ……………………………………………… 3
統合 ……………………………………………… 3
投資銀行業務 …………………………………… 151
同時性 ……………………………………… 119〜121
同質化圧力 ……………………………………… 79
動的不確実性 …………………………………… 3
トップのローカル化 …………………………… 149
トランザクション・バンキング …… 150〜154, 160
トランスナショナル ……………………… 2, 38
トレーディング・ビジネス …………………… 68
トレードオフ …………………………………… 82

【な行】

内部イノベーション …………………………… 7
内部埋め込み …………… 13, 75, 80, 81, 85
ナショナルスタッフ ……………… 91〜95, 100
ナショナルブランド …………………………… 171
ナレッジマネジメント ………………………… 158

二元性のダイナミクス …………………… 70, 71, 72
2層型プロモーション ………………………… 170
2層型マーケティング …………… 168, 169, 170
2層型マーケティング戦略 ……………… 168, 170
日台中三方ハイブリッド文化 ………………… 164
日本型MICE …………………………………… 131
日本人出向社員 ………………………………… 100
ニュージーランド・オペラ …………………… 109
ニューヨーク・シティ・オペラ ……………… 108
人間らしさ志向 …………………………… 21, 39
認知的埋め込み ……………………… 76, 78, 82

認知的プロセス ………………………………… 76
ネットワーキング・レセプション …………… 125
ネットワーク …………………………………… 77
——の構造的特性 …………………………… 79
ネットワーク・コラボレーション …………… 158
ネットワーク構造 ………………………… 75, 76
ネットワーク中心性 …………………………… 82
根回し ……………………………………… 80, 81
粘着性の高い情報 ……………………………… 126

ノイズ …………………………………………… 56

【は行】

場 …………………………… 12, 61, 62, 122
パーソナリティ ………………………………… 56
ハイブリット組織経営 ………………………… 173
ハイブリッド提携 ……………………………… 166
場の共有 …………………………………… 54, 122
場の拘束力 …………………………… 121, 122, 123
ハブ・トレーニング ……………………… 94, 95
バリュー・チェーン …………………………… 73

東ヨーロッパ圏 ………………………………… 21
引き算型のイノベーション …………………… 177
非市場経済 ……………………………………… 75
ビジネス・タレント・プール ………………… 157
ビジネス・ミーティング …………………… 125, 126
標準化・特殊化トレードオフ ……………… 13, 159
ピラミッド型組織 ……………………………… 174

ファミリービジネス …………………………… 163
フォーマル・ラーニング ……………………… 125
フォロワー型 …………………………… 155, 156
不確実性回避 ……………………… 17, 21, 39, 64
複雑系グローバル化 ……… 3, 10, 62, 65, 155, 159
副次文化 ………………………………………… 56
藤原歌劇場 ……………………………………… 109
舞台芸術 …………………………………… 109, 113
物理的距離 …………… 12, 61, 63, 71, 73
物流チャネル戦略 ……………………………… 171
プライベート・イベント ………………… 121, 127
フランス国立パリ・オペラ座 ………………… 116
ブランディング ………………………………… 102
プレミアム市場 …………………………… 165, 167
プレミアムブランド …………………………… 165
ブロードウェイ …………………………… 114, 115
プロダクト・アウト …………………………… 63
プロモーション ………………………………… 97

184 事項索引

文化クラスター ……………………………… 33
文化クラスタリング／マッピング ……… 25
文化経済学 ……………………………… 113, 135
文化財 …………………………………… 135, 137
文化産業 ………………………………………… 135
文化人類学 …………………………………… 33, 34
文化的・行動的同化 …………………………… 3
文化的圧力 ……………………………………… 2
文化的イノベーション ………………………… 9
文化的埋め込み …………………………… 76, 78, 80
文化的価値観 ……………………… 20, 55, 137
文化的価値次元 ……………… 16～21, 25, 27
文化的価値次元クラスター分析 …………… 22
文化的価値パターン …………………………… 12
文化的距離 …… 8, 12, 15, 26～28, 47, 61, 65, 133,
　　　　　　　134, 144～146, 163～166, 177
文化的公分母 …………………………………… 13
文化的コンテクスト …………………………… 12, 61
文化的借用 ……………………………………… 7, 9
文化的従属性理論 ……………………………… 135
文化的親和性理論 ……………………………… 134
文化的製品 ………… 133, 134, 135, 137, 145, 146
文化的相違 ……………………………… 15, 16, 24
文化的多様性 …………………………………… 122
文化的地域クラスター ……………………… 20
文化的プル ……………………………………… 2
文化的類似性 …………………………………… 144
文化的割引
文化特殊的 ……………………………………… 13
文化普遍的アプローチ ……………………… 13
文化変容 ………………………………………… 3
文化を超えたコンテクスト・マネジメント …… 59
分散の力学 ……………………………………… 62

米 Citi …………………………………………… 154
平均年間離職率 ………………………………… 175
紅焼牛肉麺（焼肉麺）………………………… 169
部屋のレイアウト ……………………………… 129

放縦／抑制 ……………………………………… 17
方針やビジョン ………………………………… 156
ホーム国 ………………………………………… 79
ホールセール業務 ……………………………… 155
母語 ……………………………………………… 4
ホスト国 ………………………………………… 79
ホスト国市場 ………………………………… 80, 82
ホスト国籍人 …………………………………… 2
ホフステード・インデックス …………… 27, 70
ホフステードの5次元モデル ……………… 42
ホフステードの国の文化のモデル ……… 40

ボリュームゾーン ……………………………… 99
ホワイトカラー ………………………………… 175
本国中心主義 …………………………………… 64
本国文化への埋め込み ………………………… 75
香港上海銀行 ……………………………… 152～154
本社子会社関係のバーゲニング・プロセス …… 84
本社国籍人 ……………………………………… 2

【ま行】

マーケティング ……………………… 91, 108, 167
マーケティング・プロモーション局 ……… 90
マーケティングミックス …………………… 169
マインドセット ………………………………… 158
マネジメントの現地化 ………………………… 149
マルチタスク …………………………………… 160
マルチドメスティック段階 ………………… 37
マルチナショナル段階 ………………………… 37
マルチナショナルチーム …………………… 38
マルチメディア・プロモーション ………… 171
マルチリージョナル・バンク ……………… 160
マルチレイヤーシステム …………………… 174

身内集団 ………………………………………… 69
見えざる資産 …………………………… 121, 152
ミドルマネジャー ……………………………… 174
ミュージカル ……………………………… 105, 115
未来志向 ………………………………… 21, 39
民族主義的 ……………………………………… 107
民族性 …………………………………… 133, 145

無形資産 ………………………………………… 152
無形性 …………………………………… 119, 120

明示的なコミュニケーション ……………… 43
メタナショナル化 ……………………… 2, 85, 122
メッセージのキャッチボール ……………… 53
メディア・エージェンシー …………………… 103
メトロポリタン歌劇場（MET）………… 108, 115

妄想ニホン料理 ………………………………… 7
持株会社 HSBC グループ本社 ……………… 156
ものづくり ……………………………………… 40
模倣的同型化 …………………………………… 39

【や行】

有償イベント …………………………………… 124
ユニビジョン ……………………………… 139, 143

「横並び」モデル ……………………………… 149
4つの味覚軸 …………………………………… 169

4P 168, 169	流通チャネルの「見える化」........................ 173
	ルネサンス期 106
【ら行】	
	連続メロドラマ 138
ライブケース 90	
ライブビューイング事業 115	ローエンド市場 167
ラティーノ 141, 143	ローカル・クラスター 22
ラテン系アメリカ圏 21	ローカル・トレーニング 95
ラテン系ヨーロッパ圏 21	ローカル・フレーバー 169
	ローカル対応 150
リージョナルチーム 90	ローカル文化 155
リーダー型 155	ローマ歌劇場 109
離床 75	ロシア・ボリショイ劇場 116
リスク・フリー演目 113	
リソース・ベースド・ビュー 38	**【わ】**
立地優位性 160	
リテール業務 155	忘れられた戦略 68
リバース・イノベーション戦略 81, 85	

欧文索引

A (Administrative) 65	Confucian Asia 21
AAA 65, 67, 69	Context 10, 49
Acceptability 155, 171	Convention 119
acculturation 3	convergence 3, 25
Adaptation 67, 69	cross-cultural management 2
Aegis Media 103	cultural borrowing 7, 9
Affective Autonomy 19	cultural differences 15
Affordability 171	cultural discounts 137
Aggregation 67, 69	cultural distance 8, 15, 27, 61
Anglo 21	cultural dependency theories 135
Arbitrage .... 67~69	cultural synergy 2
artifact 61	cultural universals 13, 133
assimilation 3	curiosity 50
	Customer Value, Shareholder Value 40
BRICs 9, 62	
BRIICS 62	D-AIR (Dentsu Asia Influencer Research)
BtoB 155	.... 102, 103
BtoC 155	Dentsu Aegis Network 103
business talent pool 157	Dentsu Network Asia-College (DNA-College)
	.... 93, 94
C (Cultural) 65	Dentsu Network Asia-Innovation College 102
CAGE 12, 47, 65, 146, 176	Dentsu's 10 Principles 97
CDE 10, 12, 13, 47, 61, 75, 163	differentiated network 82
Citibank 155, 158, 160	disembedded 75
coercive isomorphism 39	dispersion 70
collectivism 71	Distance 10, 27, 47, 61, 62
co-location 54, 122	Distance Still Matters 65
Compliance 40	divergence 3, 25

DOI 85
Double Movement 75
duality 70
Dual Organizational Identification 80
Dynamic Capability Framework 78

E (Economic) 65
Egalitarianism 19
Embeddedness 10, 12, 19, 47, 75, 83, 84
Emic/Etic Approach 13
Entrepreneurship/Ideas/Technology 100
entry mode 27
EPRG 64
ethnocentrism 4, 64
Ethnographic Research 81
European Values Survey 20
Exhibition 119
external embeddedness 13, 75, 80, 81, 83

Facilitation System 94
FDI 67
Foreign Direct Investment 67
Foreign locals 85
Forgotten Strategy 68, 69
frame of reference 49
FTA (Free Trade Agreement) 90

G (Geographic) 65
G20 62
G8 62
Geographic Distance 47, 61
Germanic Europe 21
Global Leadership and Organizational Behavior Effectiveness Research Program ("GLOBE") 20
global reach 63
GLOBE (Global Leadership and Organizational Behavioral Effectiveness) 6, 12, 20, 22, 24, 25, 26, 39
Good Innovation 100
group talent pool 157

Harmony 19
HCN 84, 85
Hierarchy 19
High Context 42
Host Country National 84
HSBC 152～161

IBM 16, 18

ICT 122
IM (International Manager) 156～161
Incentive 119
individualism 71
Indulgence/Restraint 17
information 50
information stickiness 72
inquisitiveness 50
institutional theory 39
institutionalization theory 39
intangibility 119
Integration 3, 167
Integrity 40
Intellectual Autonomy 19
intellectual & resilient 10
internal embeddedness 13
International Strategic Alliance 67
IS (International Staff) 158

J 100
Japan MICE Year 119

KPI (KEY PERFORMANCE INDEX) 174

Latino 141
LGT 85
local core contributor 157
Local Growth Team 85
locus 12, 73
Long-term orientation 17

Masculinity/Femininity 17
Meeting 119
MET 115, 116
MICE 119～124, 130
mimetic isomorphism 39
Multidimensional Scaling 22

national culture 33
Networking 98, 99
Nordic Europe 21
normative isomorphism 39

OJT (On-the-Job Training) 175
Opera America 109
Opera Europe 111
organizational culture 33

PCO 119, 127, 128
perishability 120

physical distance	12	tacit knowldge	73
PMI (Post Merger Integration)	4	Telenovela	133, 137
psyche distance	61	The World is Flat	63
Polycentrism	64	The world's local bank	154
Power distance	17, 70	Think Globally	158
practices = "as is"	21	Think Locally	158
psyche distance	12, 160	thought	54
		3A	171
receiver	49	3G (Global Growth Generators)	10
reference	54	tough & assertive	10
Regiocentrism	64	Traditional authority	20
reinforcement	77	Trainers' Training System	94
Request for Proposal	127, 158	Triangle of Meaning	54
resource dependency theory	39		
Responsiveness	167	UNESCO	135
		Uncertainty avoidance	17, 70
Secular-rational	20		
sender	49	Value Creation Challenge	96
serendipity	126	Value Creation navigator	96, 97
service encounter	120	Values Survey Module	16
sharing of meaning	50	variability	120
Short-term orientation	17	Vision	93
simultaneity	119	VISTA	62
SIS	167	Voice of Japan	96
social capital	77	VP	174
Social cognition	76	VSM	16
social credential	77		
societal clusters	32	Well-being—Survival	20
Software of the Mind	16	World Instant Noodle Association	163
Structural Holes	82	World Value Survey	17, 20
Sub Saharan Africa	21	WVS	20

人名索引

アマビィル (T. Amabile)	174	ガルシア‐ポント (C. Garcia-Pont)	83
アドラー (N. J. Adler)	15, 37	魏応州	166
アレン (R. F. Allen)		クラックホーン (C. Kluckhohn)	5, 16, 19
安藤百福	163	グラノベェター (M. Granovetter)	75, 76
インクルハート (R. Inglehart)		クラマー (S. Kramer)	174
	18, 20, 22, 24, 25	クローバー (A. L. Kroeber)	5
ヴェルディ	112	ケネディ (A. A. Kennedy)	34
ウェンガー (E. Wenger)	124	ゲマワット (P. Ghemawat)	12, 47, 65, 69, 145
ウォーターマン (R. H. Waterman)	34	ケン・アンダーソン (K. Anderson)	81
ウジィ (B. Uzzi)	77	コグート (B. Kogut)	27
江藤光紀	111	コストバ (T. Kostova)	80
岡田暁生	107	ゴビンダラジャン (V. Govindarajan)	81, 85
オグデン (C. K. Ogden)	53, 54		
		シャイン (E. H. Schein)	21, 32, 34

ジャック（E. Jaques）……… 33
シュラム（W. L. Schramm）……………… 52
シュワルツ（S. H. Schwartz）
…………………… 18, 20, 21, 22, 24, 25, 26
シェンカー（O. Shenkar）…… 22, 24, 26, 27
清水龍瑩 ……… 80
シルベルツワイグ（S. Silverzweig）………… 34
シン（H. Singh）……… 27
シンクレア（J. Sinclair）……… 145
ズーキン（S. Zukin）……… 76, 79
ストロドベック（Strodtbeck）……… 16

タイラー（E. B. Tylor）……… 4, 5
ターナー（B. A. Turner）……… 33
チャイコフスキー……… 107
ツイ（A. S. Tsui）……… 15
ディマジオ（P. DiMaggio）……… 76, 79
ディール（T. E. Deal）……… 34
トリアンディス（H. C. Triandis）……… 21
トロンペナールス（F. Trompenaars）……… 21

バーナウ（V. Barnouw）……… 5, 6
バーニー（J. Barney）……… 38
パールミュッター（H. V. Perlmutter）……… 64
ハウス（R. House）……… 6, 18, 20, 32
ピーター・ゲルブ総裁……… 116
ピーターズ（T. J. Peters）……… 34
フェアウェザー（J. Fayerweather）……… 64, 65
フェリーニ（F. Fellini）……… 51
フェラーロ（G. P. Ferraro）……… 33, 43
フォン - ヒッペル（E. A. von Hippel）……… 72, 73

プッチーニ……… 112
ブライアント（R. C. Bryant）……… 154, 155
ブロドベック（F. C. Brodbeck）……… 39
ベケルト（J. Beckert）……… 77
ペティグリュー（A. M. Pettigrew）……… 34
ヘンデル……… 107
ボウェン（W. Bowen）……… 113, 116
ボウモル（W. Baumol）……… 113, 116
ホスキンズ（C. Hoskins）……… 137
ポーター（M. E. Porter）……… 38
ホフステード（G. Hofstede）……… 6, 12, 16〜27,
32, 34, 64, 69, 70
ボラ（D. Vora）……… 80
ポランニー（K. Polanyi）……… 75
ポランニー（M. Polanyi）……… 73, 75
ホール（E. T. Hall）…… 12, 15, 27, 33, 42, 50, 52

マックス・ウェーバー（M. Weber）……… 4
ミルス（R. Mirus）……… 137
ムソルグスキー……… 107
モーツァルト……… 112

吉田秀雄……… 97

リチャーズ（I. A. Richards）……… 53, 54
リン（N. Lin）……… 77
ルイ 14 世……… 106
ロッシーニ……… 112
ロビンソン（R. Robinson）……… 64, 65

ワーグナー……… 112

〈編著者紹介〉

太田　正孝（オオタ　マサタカ）
　早稲田大学商学学術院教授，博士（商学）。1976年　早稲田大学第一
商学部卒業，78年　同大学院商学研究科博士前期課程修了，82年　同
研究科博士後期課程単位取得満期退学。92年　同大学商学部助教授，
94年　同学部教授。04年より現職（国際マーケティングマネジメント，
異文化マネジメント専攻）。早稲田大学大学院商学研究科長，早稲田大学
理事，早稲田大学常任理事を歴任。84年　フルブライト大学院プログラム
にてUniversity of Illinois at Urbana-Champaign留学，99年〜01年　MIT
Sloan School of ManagementならびにMIT Center for International
Studies にて客員研究員，14年　IMD客員教授／Cambridge Judge
Business School客員研究員。国際ビジネス研究学会（JAIBS）常任
理事，浙江大学管理学院国際諮問委員会委員，日本経済学会連合事
務局長。最近の著書・訳書に『国際ビジネス入門 第2版』（共編著，
中央経済社 2013年），『ビジネスマンの基礎知識としてのMBA入門』
（共著，日経BP 2012年），『インド・ウェイ 飛躍の経営』（監訳，英
治出版 2011年），『異文化経営の世界 その理論と実践』（共著，白桃
書房 2010年），『多国籍企業と異文化マネジメント』（同文舘 2008年）
などがある。

平成28年4月15日　初版発行　　《検印省略》
　　　　　　　　　　　　　　略称：異文化理論

異文化マネジメントの理論と実践

編著者 ©　太　田　正　孝

発行者　　中　島　治　久

発行所　**同文舘出版株式会社**
東京都千代田区神田神保町1-41　〒101-0051
電話 営業 (03)3294-1801　編集 (03)3294-1803
振替 00100-8-42935　http://www.dobunkan.co.jp

Printed in Japan 2016　　印刷：萩原印刷
　　　　　　　　　　　　　製本：萩原印刷

ISBN 978-4-495-38651-1

[JCOPY] 〈出版者著作権管理機構 委託出版物〉
本書の無断複写は著作権法上での例外を除き禁じられています。複写される
場合は，そのつど事前に，出版者著作権管理機構（電話 03-3513-6969，FAX
03-3513-6979，e-mail: info@jcopy.or.jp）の許諾を得てください。